鉄道快適化物語

——苦痛から快楽へ

小島英俊

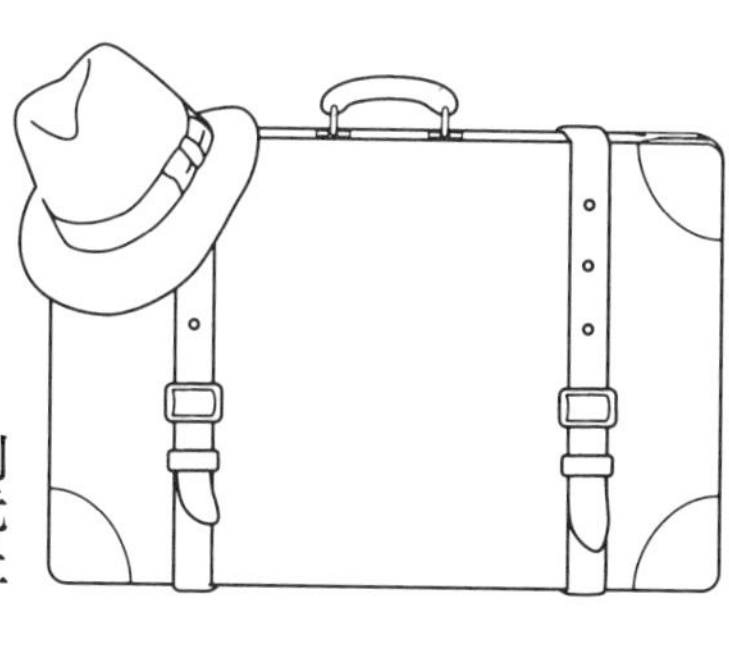

創元社

はしがき

今、東京から大阪へ行こうと思い立ったら、小さなバッグに必要なものをちょっぴり詰めて東京駅に直行すれば、簡単に「のぞみ」の切符が買える。列車本数が多いので、特別な繁忙期や時間帯を除けば、予約をしていなくても一五分も待てばもう車中の人となる。座席の座り心地は申し分なく、適度な照明に冷暖房、トイレや喫煙室も完備されていて、二時間半の旅には充分な設《しつら》えである。食堂車はないものの、ホーム売店やワゴン・サービスで何とでもなる。今ではこれが当たり前となっているが、あらためて考えてみると、現在の列車旅は至って快適である。

しかし、今から約一三〇年前、東海道線が全通したばかりの頃の列車旅は、まったく様相が異なる。新橋発（東京駅はまだなかった）の長距離列車は京都行、名古屋行、静岡行、神戸行の四本しかなかった。大阪まで直行したいなら、新橋発一六時四五分の神戸直行列車に乗って二〇時間弱の長旅とならざるを得なかったのである。

今の普通車に該当する三等車の座席は板張りで固くて狭いし、ランプ照明は暗くて頼りない。冷暖房などという文明の利器はなく、夏は蒸し暑く、冬は薄ら寒い。トイレは少なく、しかも垂れ流し式で御世辞にもきれいとは言えず、当然臭う。車外への「黄害」も問題であった。さらには汽車であるから、煤煙にも悩まされる。まさに苦痛の長旅であった。

現代ではとても考えられない有様であるが、こうした時代を経て、列車の快適性は徐々に向上していった。座席のサイズや材質は少しずつ改善されて、少々の長旅にも耐えうるものとなったし、やがて夜行客のために寝台車も出現した。半日以上に及ぶ長時間の乗車ともなれば食事が欲しいところで、食堂車やビュッフェも登場した。これは単に空腹を満たすのみならず、新たな旅の楽しみを提供した。さらに、実際にその恩恵を蒙る人は多くないであろうが、展望車やラウンジカーも現れた。鉄道の快適化のシンボル的存在といえよう。

車内設備の変遷も目を見張るものがある。車内照明は、灯油ランプ、ガス灯を経て、蛍光灯、LED照明となった。暖房は比較的早くにスチーム暖房が導入されたし、それに比べると時間はかかったが、通勤冷房車も当たり前となった。トイレも清潔になり、今や世界の先端を行く。

世界に誇る新幹線は、海外では考えられないほど高頻度で運行し、旺盛な旅客需要に応えつつ、定時運行を実施している。あまりにも速いので、往時嫌われたSLの煤煙が今や懐かしいほどである。

本書では、こうした日本の鉄道の進化——快適性向上の歩みを辿《たど》る。ここでは乗客の誰もが気づくことを例として挙げたが、本書で扱うトピックスはこれにとどまらない。たとえば、列車の動揺や騒音がどのように抑えられ改善されてきたのか、といった快適化の土台や快適化以前にまず確保されるべき、列車の安全性の向上についても見ていく。ここでも少し触れたが、高速化＝所要時間の短縮も快適化の大事な一要素と認識して、その変遷にもページを割いている。最後に、快適を超越して乗客に快楽をもたらす豪華列車やクルーズ列車についても触れる。なお、日本の鉄道の進化を客観的に見るため、諸外国との比較の視点、技術的な視点も適宜取り入れた。また、感覚的な意見にならないように、あるいは往時の様子がイメージできるように、図表や写真を掲載するようにした。

欲張って盛りだくさんになってしまったが、著者としては、興味のあるところから読みはじめて、気楽に読み進めていただければ充分である。私の年代のせいか、やや堅苦しい書き方になっているかもしれないが、本人としては、こうした鉄道の進歩の歴史に思いを馳せていただき、現代の鉄道をより一層楽しんでいただきたいと願うばかりである。

　　　　　　　　　　　　　　　　著者しるす

目次

装画　野崎裕子　　装丁　濱崎実幸

第1章 列車の混雑を改善する

——車体と座席スペースの拡大

1

日本の鉄道は最初から混んでいた

旅行を意味する英語のtravelは、フランス語のtravailに語源があるといわれ、travailには「苦痛」という意味もある。この言葉ができた頃の旅といえば、もっぱら徒歩や馬車であり、長旅は苦労そのものでもあった。一八三〇年にイギリスで世界初の鉄道が開業して以来、長距離の移動は劇的に変化し、足を棒にして何日も歩き続ける機会は減ったが、今度は別の苦痛が生じた。それは何といっても、列車の混雑であった。

一晩中身動きできない車内

日本の鉄道は一八七二（明治五）年に新橋〜横浜間の開業以来、見る間に路線が延長されて、長距離列車も走りはじめるようになった。当時は列車速度が遅く、昼間だけでは目的地に着かないから、必然的に夜行列車も多かったのであるが、夜行客にとって最大の苦痛は、身動きもできないほどの混雑であった。

そうした当時の混雑ぶりを生き生きと伝える記述がある。明治時代の旅行作家・大町桂月による、東京から岡山までの汽車旅の描写である。桂月が、妻と二人の幼い息子を米子に残し、東京で文筆で身を立てるべく、本、雑誌、新聞から注文が来れば書きまくっていた頃の話であるが、まだ無名で収入は知れていた。そこへ三男が誕生したとの知らせがあり、急いで米子に向かったのである。むろん夜行の三等車で、である。

乗り込み多き神戸直行の汽車に、おくれて乗り込みて、わずかに腰かくるだけの余地を得たり。幾多の長亭短亭を過ぎて、両方のまたどなりの人出でしかと思えば、余の右に居りし婦人、夫婦の間を人にへだてられ居りしに、其の中の人去りて、夫婦相接するの機を得て、早くも顔を夫の方に向け、脚を余の方に延ばして横臥《おうが》しぬ。左の人も脚を余の方に横はりぬ。其脚と婦人の脚とは余の背後に於いて幾んば相接触せむばかりなり。其間に介せる余は唯真直に腰かけたるのみにて、少しも体を曲ぐること能わず。

（大町桂月『迎妻旅行』一九〇〇年）

当時の東海道線の客車はもちろん木造である。一九〇〇（明治三三）年時点では官鉄、民鉄ともにボギー車の比率は一五パーセント以下と低かったので、桂月が乗ったのは、おそらくマッチ箱のような二軸単車であろう。この客車が個室ごとにドアを開閉させて乗降するコンパートメント型なのか、あるいは車端部にドアを備え、車中に廊下がある開放型なのか、判然としない。ただ、少なくとも照明は薄暗い灯油ランプで、座席は座面・背もたれともに固い板張りであった。一人当たりの座席スペースは今よりずっと狭く、満員であったので、桂月は一晩中身動きできなかったと嘆いているのである。

駅も大混雑——列車本数が足りない

田山花袋も駅の混雑ぶりを書いている。日本における自然主義小説の嚆矢《こうし》として名高い『蒲団』にそれがある。主人公・時雄（花袋自身がモデルで、ようやく名が出てきた作家）が、文学の弟子であった美貌の芳子と、その父が岡山県の郷里に帰るのを新橋駅で見送る光景である。東海道線でもまだ列車本数は少なく、特定の列車に乗客が集中しがちであった。その代表が午後六時発の神戸行き急行で、この父娘が乗る二等車でも、乗車するまで、駅では大変な雑踏に揉まれなければならなかった。

混雑また混雑、群集また群集、行く人送る人の心は皆空になって、天井に響く物音が更に旅客の胸に反響した。〈中略〉一刻ごとに集まり来る人の群、殊に六時の神戸急行は乗客が多く、二等室も時の間に肩摩轂撃の光景となった。〈中略〉ベルが鳴った。群集はぞろぞろと改札口に集まった。一刻も早く乗り込もうとする心が燃えて、いらだって、その混雑は一通りではなかった。三人はその間を辛うじて抜けて、広いプラットホオムに出た。そして最も近い二等室に入った。後から続々と旅客が入って来た。

(田山花袋『蒲団』一九〇七年)

年末輸送で混雑する上野駅

芳子の家は地主であったので、桂月とは違って二等車に乗るのであるが、まず二等車に辿り着くまでが大変難儀だったようである。肩摩轂撃とは古風な表現であるが、肩をぶつけ合うほど混雑していたのは想像に難くない。こうした光景は毎日繰り返されていた。

それにしても同停車場の混雑は時としては実に甚だしき事あり。内外珍客の往来する場合の如きは云うまでもなく、午後六時半の急行車出発前の如き、毎夕身動きもならざる混雑を呈するは何人も目睹するところ。〈中略〉これについて吾人の想起するを禁ず能わざるは、世人の旅客に対する送迎のあまりに大袈裟な事とこれなり。〈中略〉鉄道当局者に対しても又注文なき能わざるなり。他に非ず、列車の発着を今少し頻繁となさんとこれなり。〈中略〉とにかく東海道鉄道以下重要なる線路の列車回転数を今少し増加するは、さほど困難に非ざるべし。新橋・神戸間の急行車の如きは毎日五六回にも増加すべし。殊に新橋・横浜間の如きは十分間隔くらいに発着せしめて可なりと思う。

（東京「朝日新聞」一九〇八年一一月三日付）

乗客の送迎者が多すぎるため毎度ひどい混雑となる、混雑緩和対策として列車本数を増やすべきである、と官鉄に対して「注文」を付けているのだが、これは予算の問題でなかなか実現しなかった。急速な鉄道需要の拡大に、鉄道の運行が追いつかず、快適化の向上どころではなかったのである。

慢性化する混雑――数字で見る混雑度

列車の混雑はなかなか改善されず、人々もそれが当たり前と思っていたようである。明治後期・大正期になると、レジャーとしての鉄道旅行が隆盛に向かったが、その分鉄道が余計混むことになった。鉄道混雑の問題はいまや国民的問題で、帝国議会でも取り上げられたが、利害調整は難航した。列車本数は増

表1-1　日仏米の1㎞あたりの鉄道輸送

年	日本 延長（㎞）	日本 人×キロ（百万㎞）	日本 キロ密度（千/㎞）	フランス 延長（㎞）	フランス 人×キロ（百万㎞）	フランス キロ密度（千/㎞）	アメリカ 延長（㎞）	アメリカ 人×キロ（百万㎞）	アメリカ キロ密度（千/㎞）
1872	29	—	—	17,438	4,278	245	106,492	—	—
1880	158	—	—	23,089	5,863	254	150,091	—	—
1890	2,349	825	351	33,280	7,943	239	268,282	12,373	46
1900	6,300	3,066	487	38,109	14,000	367	311,160	20,152	65
1910	8,661	5,781	667	40,484	16,800	415	386,714	52,043	135
1920	13,645	15,611	1,144	38,200	22,100	579	406,915	76,235	187
1930	21,593	22,769	1,054	42,400	29,200	689	400,810	43,253	105
1940	25,126	68,069	2,709	40,600	17,100	421	376,055	38,239	102
1950	27,401	118,000	4,306	41,300	26,400	639	360,137	51,161	142
1960	27,902	197,000	7,060	39,000	32,000	821	350,116	34,253	98
1970	27,104	290,000	10,670	36,532	40,980	1,122	331,174	17,358	52
1980	27,873	316,000	11,337	34,362	54,660	1,591	288,000	17,695	61
1990	20,157	400,000	19,844	34,322	63,740	1,857	244,000	9,726	40
2000	20,051	385,000	19,201	31,939	69,870	2,188	205,000	8,852	43

出典：International Historical Statistics, EUI. (web site)

えたが、乗客もどんどん増えるので、いたちごっこで混雑は少しも緩和されなかったという。乗客のマナーもまた悪く、たとえばある新聞は、一九三〇年代の日曜日の新宿駅では、多数のハイキング客がリュックサックを座席に並べて席をとっていると批判している。

作家や新聞は扇情的に書きたてればよいが、私たちはもう少し客観的に論証してみたい。ここでは大まかな傾向値ではあるが、〈「人・キロ」÷「鉄道営業キロ」〉という数字に注目する。

「人・キロ」というのは旅客輸送量を表すもので、乗車人数×乗車距離で求められる。これを使って旅客数の多寡を知るには、一キロ当りで比較する必要がある。つまり〈「人・キロ」÷「鉄道営業キロ」〉で「キロ密度」＝「1キロ当たりの人・キロ」＝旅客数の多寡（混雑度）がわかる。むろん実際の混雑度は、根本的には鉄道当局の輸送能力（列車定員×運行本数）が大きく影響する。とはいえ、この数字が旅客数の多寡を知る出発点になることは、おわかりいただけるであろう。この計算式をもって、日本の鉄道開通年直後から現在までの日本、フランス、アメリカの三国の数値を比較してみたのが表1－1である。

東海道線が全通した翌年の一八九〇（明治二三）年で見ると、日本全国の鉄道総延長はまだ二三四九キロ、フランスはその一四倍、アメリカは一一四倍と比較にならないが、混雑度（キロ密度）では、日本はフランスの一・五倍、アメリカの八倍にも達している。この倍率はその後どんどん増大し、戦前の一九四〇（昭和一五）年では日本はフランスの六倍、アメリカの二七倍にも達した。この頃には「人・キロ」すなわち旅客輸送量そのものが、フランス、アメリカを超えている。戦後この趨勢はますます加速し、二〇〇〇年現在では、日本は両国にさらに大きな差を付けてしまっている（とりわけアメリカの鉄道の閑散ぶり、凋落振りが著しいことがわかる）。

先にも述べたように、これは混雑度合いを知るおおよその指標にすぎないが、日本人は昔も今もこの狭い列島内を、仕事に遊びに独楽鼠《こまねずみ》のように忙しく動き回っていることが如実に示されていることがわかろう。

2　ちっちゃい汽車、ちっちゃい座席

外国人から見た日本の車両

このように、外出好きな日本人に対して、列車の本数が追いつかず、満員列車が慢性化していたのであるが、座席に座れないことはもち

ろん、たとえ座れても、座席スペースが狭くて座り心地も悪かったことも問題であった。日本の鉄道開通時の客車はイギリスから輸入した木造二軸単車で長さ五メートル、幅二・二メートルときわめて小さかったし、一人当たりのスペースも小さかった。日本の客車の小さいことを指摘した文章も散見される。

「その頃、フランスのあのピエル・ロチが日本に来て、この東京横浜間の汽車を罵倒して、寧ろ憫笑《びんしょう》して、「日本にも汽車！　小さな小さな汽車！　がたがたと体も落附けて居られない汽車！」と言っているが、それほど小さなあわれな汽車であるが、それでも此汽車の出来たのは、日本の政府に取っての最初の大事業であった。
（田山花袋『東京の三十年』一九一七年）

日本の鉄道は狭軌で、座席はこちらの市内電車みたいに横向になっている。何もかも私達が見馴れているものよりか小さくできている。だから客車に入らうとするといつも頭をぶつけるし、戸の把手を握らうとすると飛んでもない上の方をさぐっているといったやうな具合だ。
（「外国人の見た日本の汽車」『旅』一九二六年一〇月号）

フランス人作家ピエール・ロティは一八八五年（明治一八）と一九〇〇年に来日して長期間滞在し、鹿鳴館のパーティーにも出席している。彼の書いた『お菊さん』という小説には、日本人について「それにしても此の人間たちはいかに醜くいかに卑しくいかに怪異《グロテスク》なことだらう！」という一節があり、日本を蔑視していたことがわかる。その点は割り引かねばならないが、ただ、彼が馴染んだヨーロッパの標準軌道上を走る車両に比べれば、日本の汽車がずい分小さく見えたのは無理もない。

それから約半世紀経った一九二六年、ある外国人が述べた「座席が市内電車みたいに横向」とは、大型化される前の二等車で、ほどなく車体の大型化とともにクロスシートが導入されている。

一方、一九三〇年頃、日本人の里見弴《とん》や林芙美子が満洲に渡り、標準軌の満鉄車両、さらに広軌の東清鉄道の車両に乗っており、国内の車両より格段に大きく立派だと感嘆している。日本の客車は国際的な標準からすると、いかにも小さく窮屈であったのであろう。

当時の車体のサイズ

ここで鉄道模型をイメージしていただきたい。Nゲージ、HOゲージ……とゲージに比例して車体も大きくなるが、ほぼ同じプロポーションを保っている。したがって、横幅×高さからなる断面積はゲージの二乗に、横幅×高さ×長さからなる車体の容積はゲージの三乗に比例させている。こういうプロポーションで、日本の国鉄、満鉄、東支鉄道（シベリア鉄道のうち満洲領内の一部区間と支線〔ハルピン～大連間〕の呼称で、その後、支線は日本に譲渡され、満鉄の一部となった）の差を見ていくと、**表1-2**のようである。

現実には、日本の官鉄は、狭軌にもかかわらず無理をして車体寸法を拡大したので、一九三〇年代以降の客車の車体寸法にここまでの差はないが、寸法的な原理を確認していただければ幸いである。

一九〇八（明治四一）年に初代鉄道院総裁に就任した後藤新平は、満鉄総裁時代の経験もふまえ、狭軌のハンディを払拭するべく標準軌化を提唱、鉄道院内で検討を開始させ、国会にも上程された。

広軌化の狙いは、安定した軌道による高速化、車両大型化による輸送力の増強であったが、ゆったりとしたスペース確保もその眼目のひとつであった。

このゲージ問題はその後、鉄道院総裁（ほどなく鉄道省大臣になる）や内閣の交代ごとに一〇年の紆余曲折を経て、一九一八（大正七）年、原内閣の時に従来通りの狭軌維持方針に決着した。ただし、せめて車体だけは大きくしようと努力したので、客室サイズはかなり欧米に近づいた。

3　座席スペースの拡大へ

ゲージが狭いと車体が小さくなることは否めない。そのしわ寄せは、乗客一人当りのスペースの狭さとして出る。とくに車体の横幅が狭いことは致命的で、一等車、二等車は中央通路の両側にゆったりとしたクロスシートを配することができず、長い間ロングシートであった。

先にも述べたように、レールの幅は狭くとも、せめて車体は欧米の標準軌に近づけようとの検討がなされ、車体全幅は少しずつ拡げられた。このため、わが国

表1-2　狭軌・標準軌・広軌の車体断面積の相対寸法

鉄道	ゲージ	ゲージ比率	車体断面積比	車体容積比
日本国有鉄道（国鉄）	狭　軌（1067mm）	1.00	1.00	1.00
南満州鉄道（満鉄）	標準軌（1435mm）	1.34	1.80	2.41
東支鉄道	広　軌（1520mm）	1.42	2.02	2.86

鉄車両のボディー・サイズはアメリカやヨーロッパ大陸諸国には及ばないものの、標準軌を採用するイギリスとほぼ同等となった。

その大型車体標準化の第一弾が、一九二〇（大正九）年に登場した標準客車（ナハ22000）で、全長一六・四メートル、幅二・六メートル、全高三・九メートルと、従来型より大幅にサイズアップされた。そして一九二九（昭和四）年デビューのスハ32で横幅はようやく二・八メートルに広がり、この横幅がずっと戦後も続いた。

ナハ22000

スハ32

ここで、一八七二（明治五）年の鉄道開業以来、二〇〇九（平成二一）年製造の最新の新幹線車両までの主要な車両の三等車（現・普通車）と二等車（現・グリーン車）における座席定員一人当たりスペースの変遷を整理してみよう。なお、これは一人当たりの座席スペースではなく、定員乗車した場合、その車両ないし車室の総スペースを定員数で割った一人当たりのスペースを指している。したがって、座席自体が大きくなったこともちろん関係するが、廊下の幅が広くなっても、椅子の前後のピッチが広くなっても、その数値は増大することをお断りしておきたい。われわれがレストランや喫茶店に入って感じるゆったり感は、椅子やテーブルのサイズだけではなく、空間全体の余裕度も大きく反映するので、この数値をもって列車のスペース上の快適度を表現できると考える（次頁表1－3）。

一人当たりスペースは少しずつ拡大してきたが、現在の新幹線では鉄道開通時の三倍、二〇世紀初頭の二倍に達している。新幹線の普通車でも、一人当たりスペースは、戦前および戦争直後の二等車のレベルに達している。それに冷暖房完備や室内の質感を考慮するなら、今の普通車の総合快適度は、完全に戦前および戦争直後の二等車を超えている。

ただ、一般の方にはシートの具体的サイズでご説明するほうがイメージが湧きやすいと思うので、代表的車両と航空機におけるシートのピッチ、総幅、座面深さ、背面高の数値を比べてみよう（表1－4）。

これらの座席は皆前向きのクロスシートであり、スハ44を除いてすべてがリクライニングシート構造であるので、単純な比較ができる。座席の寸法的ゆとりはピッチ間隔が支配するが、これで見ると、明らかに時代を追ってゆったりしてきていることがわかる。

座席のレイアウトはロングシート、向かい合いのクロスシート、前向きのクロスシート（リクライニングシートを含む）といろいろあり、共通した尺度では比較し難いが、本書でいう快適化はあくまで中長距離の列車旅行を前提としており、とくに普通車（昔の三等車）の座席車をベースにしてい

表1-3　客車ごとにみる１人あたり面積

時期・車両種別	型式	構造	車体長(m)	車体幅(m)	客室面積(㎡)	定員(人)	１人当面積(㎡)
開通時客車	下等車	２軸単車	4.6	2.0	7.7	30	0.26
	中等車	２軸単車	4.6	2.0	7.7	22	0.35
	上等車	２軸単車	4.6	2.0	7.7	16	0.48
明治中期客車	三等車	２軸単車	7.2	2.2	14	50	0.28
明治後期客車	三等車	２軸単車	7.3	2.4	15	50	0.30
1901年客車	三等車	４軸ボギー	15.5	2.4	29.5	86	0.34
1909年客車	三等車	４軸ボギー	16.4	2.4	30.8	80	0.39
1920年客車	三等車	４軸ボギー	16.4	2.6	33.6	80	0.42
1929年客車	三等スハ32	４軸ボギー	19.5	2.8	41.8	88	0.47
	二等スロ30	４軸ボギー	19.5	2.8	41.3	64	0.65
	三等スハ43	４軸ボギー	19.5	2.8	42.2	88	0.48
1951年客車	三等スハ44	４軸ボギー	19.5	2.8	44.8	80	0.56
	二等スロ50	4軸ボギー	19.5	2.8	35.8	48	0.75
1963年165系急行電車	三等モハ165	４軸ボギー	19.5	2.9	42.5	84	0.51
	二等サロ165	４軸ボギー	19.5	2.9	39.8	48	0.83
1973年381系特急電車	三等モハ381	４軸ボギー	20.8	2.9	47.4	76	0.62
	二等サロ381	４軸ボギー	20.8	2.9	40.8	48	0.85
2009年E3系新幹線	中間普通車	４軸ボギー	20.0	2.9	47.7	67	0.71
	先頭グリーン車	４軸ボギー	22.2	2.9	21.4	23	0.93
2009年N700系新幹線	先頭普通車	４軸ボギー	27.1	3.4	41.3	60	0.69
	中間普通指定車	４軸ボギー	24.5	3.4	31.5	36	0.88
	中間グリーン車	４軸ボギー	24.5	3.4	24.3	24	1.01

表1-4　主要車両と航空機のシートサイズ　（単位：cm）

形式	ピッチ	総幅	座面深	背面高
スハ44	88	—	—	—
あさま	96	50	44	70
700系	104	51	44	73
スロ51	110	—	—	—
E2	116	61	48	75
777国内線	82	53	42	70
747国際線	91	49	47	72

ることをあらためて確認しておきたい。

一方で、通勤列車（今はほとんど通勤電車）の混雑はあまり緩和されていない。ＪＲや民鉄の通勤電車を見ると、戦前や戦後に比べて明らかに車体は大型化し、連結両数が増えて編成は長大化し、運転本数の増加の結果として運転間隔も短くなっている。しかし、大都市圏の拡大にともなう通勤圏の拡大にはそれでも追いつかず、通勤時の輸送需給バランスはあまり緩和されていないのである。

通勤電車に限って言えば、一人当たりの座席スペースとかシートサイズの拡大が必ずしもよいとは言えず、立席の居心地や車内の通りやすさなども含めて、中長距離列車とはかなり異質の判断基準が必要となってくるのである。

第2章 客室の改善——客車の構造と種類

1 個室式か、開放式か

客車のレイアウトや構造というものは、まったくの白紙から生まれたのではなく、下敷きがあった。すなわちヨーロッパにおける馬車とアメリカにおける河蒸気（蒸気船）で、鉄道の客車の構造は大いに馬車と蒸気船の影響を受けている。日本の鉄道車両は欧米の車両を輸入ないし手本として作られているので、直接的には馬車や蒸気船といった先例をもたないが、欧米の客車にこうした歴史がある以上、日本の客車も間接的には馬車や蒸気船の影響を受けているのである。

馬車から客車へ――ヨーロッパの場合

鉄道開通前のイギリスの陸上交通機関としては、圧倒的に馬車が重要であった。一六二五年、ロンドンに辻馬車が登場すると、馬車は都市内の輸送手段として急速に発達した。辻馬車というのは今日のタクシーのようなもので、最初は走行時間に応じて、のちに走行距離に応じて料金を支払うことになっていた。やがてこれとは別に、多人数が乗車できる乗合馬車（omnibus）が走るようになり、市街地を走る定期馬車や主要都市間を走る駅馬車（stagecoach）も登場した。

駅馬車の宿駅では、休憩・宿泊、接続馬車の予約、連絡切符の発売などがシステム化された。このあたりを見ると、イギリスの鉄道が馬車を範としていることがうなずけよう。馬車の走る道路もずいぶん改善されて「ターンパイク」と呼ばれる有料道路も誕生した（もっとも料金の不正や道路補修の不備はあったが）。ヨーロッパ大陸においても同様で、イギリスの水準には及ばなかったものの、馬車輸送が発達して重要な交通手段になっていたことに変わりはない。

馬車の形は基本的に屋根付き箱型のワゴンであり、ワゴン内には進行方向に対して垂直に座席が設《しつら》えられていた。乗客は側面の扉から乗降し、馭者《ぎょしゃ》は乗客に背を向けて馬を操った。現代では考え難いが、ワゴン外にも座席や立席が設けられていた。こうした駅馬車の形式がのちの鉄道の客車にも引き継がれたため、ヨーロッパの客車は馬車のように小型個室（compartment）が一つの単位となったのである。イギリスでは客車のことをcoach と呼ぶのは、この名残である。第5章で見るように、一八三〇年、イギリス初の実用鉄道が開業した際には、まるきり馬車のような車両が用いられている（一〇六頁）。

イギリスの駅馬車

蒸気船から客車へ——アメリカの場合

一方、アメリカにおいては、蒸気船が一番有力な交通手段であった。アメリカの場合、たとえばミシシッピ川のような大河が流れており、大型船での大量輸送に向いていたのである。

常に西へ西へと物資や人々を送り込むためには東西方向の交通路が必要で、こうした大河の流れ

アメリカの河蒸気（19世紀半ば）

る方向はとかく南北方向が多く、両者は必ずしも合致はしていなかったが、多少廻り道をしたり、運河で短絡させたりすれば、大型内陸水運は最も効率的な交通手段であったのである。そして一七八七年、ジョン・フィッチによって蒸気船が完成したことを受けて、内陸水運の手段として蒸気船の利用がたちまち広がった。蒸気機関車の実用化より、蒸気船の実用化のほうが四〇年以上も早かった事実には改めて驚かざるを得ないし、注目すべき点でもある。

上等の蒸気船は別にして、一般的な蒸気船の内部は個室ではなく、大きな開放空間になっていた。そこに机や椅子、ベッドが並び、大勢の船客が乗り合わせていたのである。このレイアウトが自ずとアメリカの鉄道の客車にも持ち込まれることになる。

こういう輸送形態の相違がそのまま反映して、ヨーロッパの客車は個室式、アメリカの客車は開放式になったのである。

馬車・蒸気船の折衷式——日本の場合

それでは日本の客車のレイアウトはどうかというと、一八七二年の鉄道開通時以降、しばらくはイギリス式が採用され、室ごとに仕切られていたが、壁で囲まれた厳密な個室ではなく、座席の背もたれより上の空間は仕切られていなかった。つまり、隣室と空間的につながっていたわけで、その気になれば隣の室が見えた。その意味ではアメリカ流の開放室式にも近い。一方、室ごとに出入り扉があってプラットフォームから直接出入りし、一旦乗ったら、他の室へは移動できないという点ではイギリス流の個室式であった。まあ個室式と開放式の合いの子の構造であったのである。

日本ではその後、二軸単車でも車体幅が広がり、四軸ボギー車になると車体長が長くなり、といった具合にだんだんと車体が大型化した。そうして車内スペースに余裕が出てくると、客車の内部構造はほとんどアメリカ流の開放室式になっていった。

明治時代の日本の客車

さて鉄道開通以来、ほとんどの旅客は三等座席客車に乗って旅をしたので、これが客車の根幹であり基礎である。以下では、三等座席客車を原点と定めてその歴史を見てゆくが、折に触れ、二等座席車と一等座席車にも敷衍したい。寝台車、食堂車、展望車などはさらなる贅沢な人間の欲求から派生していったものであり、それはそれで後述する。

一八七二（明治五）年に新橋〜横浜間に鉄道が開通した時、下等車はホームから側面のドアを開けて車内に入ると、そこは木製のベンチが進行方向とは直角にクロスシートとして向かい

明治時代の三等車

合っていた。一八八四年時点の、そういう車室構造とぎゅうぎゅうに詰め込まれた悲哀を、朝日新聞の国際的記者として後日有名になった杉村楚人冠が述懐している。

私が初めて汽車に乗ったのは明治十七年の夏、私が十三歳の頃、大阪から京都まで乗った時でありますが、〈中略〉今まで画に書いたものばかり見ていたその岡蒸気に乗って見ると、客車は横仕切になって一々ドアが別について居り、乗客が乗れば車掌が一つ一つドアの鍵を外からかけ、着車の時は又一つ一つ鍵であけてくれました。一旦乗車したら中は一切出入禁止なので狭い車室に十余人押しこめられて、とても窮屈なものと思ひました。

（杉村楚人冠「初めて汽車に乗った頃」『旅』一九四二年一〇月号）

これが一九〇〇年頃になると、乗降口は車体の両端だけとなり、車両の進行方向に沿って中央に廊下が走り、その両側に木製のクロスシートが配置された客車が登場した。そしてこれも大事なことであるが、同じ客車内なら中央廊下を歩いて移動できるようになった。この基本構造は現在、近距離・中距離を行く電車やディーゼルカーの座席として継承されているのは、皆さんご存知のとおりです。

客車の構造をめぐる議論

車両の進行方向に沿って中央部に廊下を走らせるのはアメリカ式である。これに対してヨーロッパでは客車の片側に長い廊下が走り、そこ

表2-1　客室の種類と構成

タイプ	客室	シート	廊下	乗降扉
タイプ1	個室	対面クロスシート	なし	個室ごと
タイプ2	個室	対面クロスシート	片側	客車両端
タイプ3	開放	対面クロスシート	中央	客車両端
タイプ4	開放	前向クロスシート	中央	客車両端

から数多く仕切られた個室にドアを開けて入って行くコンパートメント方式が最近まで主流であった。近年はヨーロッパでも、日本やアメリカと同じオープン・スペースの座席車が大勢になりつつある。こういう流れを大雑把に整理すると、次のような分類になろう（表2-1）。

この表で言えば、ヨーロッパではタイプ1→2および3→4という流れ、アメリカでは3→4という流れ、日本では1→3→4という流れが歴史的に見た基本的推移である。

では実際、このような客車が走り出すとどういうことが起こったか、まずはヨーロッパの個室構造客車のうち、タイプ1から見ておこう。個室はプライバシーが保たれるというが、それはそのコンパートメント内に気心が知れた人、人品の良い人たちだけが乗り合わせた場合に言えることで、個室式客車の最大の恐怖は、恐喝・傷害・殺人であった。

一八六〇年暮れ、スイス国境沿いのミュールーズ発の列車がパリに着いたが、一つの車室の扉が閉ざされたままであった。駅員が扉を開けたところ、向かい合わせの座席の間の床に一人の男が血塗れの状態で倒れていた。被害者は裁判長のポワソンという有名人であったため、世間を大変騒がせたが、犯人は迷宮入りでつかまらなかった。この事件は世論を沸騰させ「金持ちでも大部屋式の三等車に乗れば良い」とか「大金持ちなら、執事、女中など一族郎党で個室を

ヨーロッパの個室式客室（2等車）

占領すれば問題ない」などの皮肉な論評も出る始末であった。

　ヨーロッパではこの時以降、客車構造の議論が白熱したが、それは究極「ヨーロッパ式個室構造が良いか、アメリカ式大部屋構造が良いか」という比較論になった。イギリスとフランスで設けられた「車室問題調査委員会」の聞き取り調査では、それでも大半の客は「静かな小じんまりした空間で旅行中そっとしておいてもらいたい」と答えている。すなわち、不便と不安はあるが、ヨーロッパの有産階級はやたらな人たちと一緒になる大きな空間に対する拒絶反応のほうが強かったのである。

　個室の危険に対する本質的な解決としては、走行中でも個室の出入りができ、また客車内を移動できるようにするしかなかった。そしてホイジンガー・ワルデクという人物が「廊下を通すが、各個室と廊下とは引き戸で隔てる」構造を提唱した。タイプ2の客車である。そして、これが現在までヨーロッパの客車レイアウトの基本として定着したのである。

　それでもアメリカ式オープン・スペース構造を讃美する論調は止まなかった。先の新しいヨーロッパ式の客車は、個室間の移動はできるが、知らない人たち同士が狭い空間にいるのは気づまりである。だからもっと大きな空間にいたほうがリラックスできるし、嫌なら車内を見渡しながらもっと自由に移動し、席も代わることができるという理屈である。当時ヨーロッパを旅したアメリカ人は「小さな車室に閉じ込められ、車内を自由に動けなかったこと、衛生設備が怪しげで、ない場合すらあった」とヨーロッパの個室構造とトイレの不備を痛烈に批判している。

一八七五年、今度は下院の委託を受けて逆にアメリカの鉄道の調査を行ったイギリス人がいた。彼の報告書では「アメリカの客車の長さは一〇〜一三メートルで、時には二〇メートルに達するものもある。車体幅は三メートルもある。車内は中央に通路のある大部屋で、通路の幅は大体六〇〜七〇センチ、通路の両側に座席がある。それぞれ二人掛けで、幅は一〜一・二メートル、背もたれは置き換えができるので、乗客は前後両方向を見ることができる。冬季は中央にある鉄製暖炉で暖められ、夜間は両側に取り付けてあるランプで照明される。車両にはごく特定数の個室があるが、これは授乳する母親たちの専用で一般用ではない。またトイレも備えている」と称賛している。これを当時のイギリスの車両に比べると、とても大きく広々としていて、椅子も照明も何もかもアメリカのほうが進んでいたということになろう。

この点、比較的早期にアメリカ式の開放室構造に転換した日本の客車においては、構造上の問題はさして生じていない。むしろ感心するのは、鉄道開通時から禁煙車が設けられていたことであ

アメリカの開放式客室

る。一八七二（明治五）年制定の「鉄道略則」を見てみよう。

「鉄道略則」第七条　吸煙並婦人部屋男子出入禁止ノ事
何人ニ限ラス「ステーション」構内吸煙ヲ禁セシ場所並ニ吸煙ヲ禁セシ車内ニテ吸煙スルヲ許サス且婦人ノ為ニ設アル車及部屋等ニ男子妄リニ立入ルヲ許サス若右等ノ禁ヲ犯シ掛リノ者ノ戒メヲ用ヒサル者ハ車外並ニ鉄道構外ニ直ニ退去セシムヘシ

駅構内の一部と客車の一部が禁煙とされ、婦人専用車もあった。そして係員の注意に従わなかった者は、車外および駅構外にただちに退去させられることになっていたのである。

2 駅食堂から食堂車へ

アメリカの食堂車事始め

今日、日本で列車に乗るというと、普通の座席に腰かけて、せいぜい数時間、昼間に走ることを想像する。日本は国土が狭く、列車も高速化されたので、鉄道旅行は短時間で済んでしまい、それ以上の設備をとくに必要としなくなったからである。ところが、国土が広かったり、列車のスピードが遅かったりして鉄道旅行に長時間を要する場合は、食事をする、寝る、くつろぐといった生理的要求が道中昂《こう》じることは避けられない。

それに対して鉄道側は、それぞれ食堂車、寝台車、展望車などを造って対応してきた。こうした車両は、とくに国土が広く長旅の多いアメリカから発達したことは容易にうなずけよう。

初期のアメリカの汽車旅では、食事はたいてい大きな駅に設《しつら》えられた食堂でとった。いくら走ってもそういう駅がずっとない場合は、列車は小さな駅に停まり、乗客はその近辺の野原でバスケットからサンドイッチを出してほうばるような牧歌的光景も見られた。一八六〇年代になると、上等の乗客へ供食するために寝台車に厨房を設けて、出来上がった料理を各座席に運ぶようになった。一見贅沢《ぜいたく》そうだが、当時客車間の連絡幌通路がなく、たとえ食堂車を連結しても、お客がそこへ移動できなかったための産物であった。

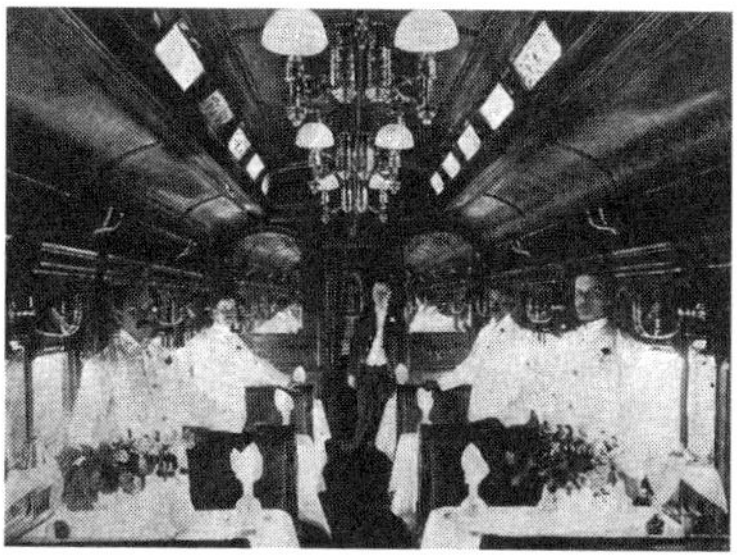

ボルティモア＆オハイオ鉄道の食堂車

一九世紀後半に客車間の貫通幌が開発され、乗客が列車の先頭から最後尾の客車まで歩けるようになると、食堂車が合理的なものとなった。アメリカ東部では一八六八年に食堂車が登場したが、西部に登場するのは一八九二年と大幅に遅れてしまった。それは駅食堂を経営する鉄道会社が、暗黙のカルテルによって食堂車の出現を阻止していたからである。西部地区には美味しく、清潔で、美人ウエイトレスを集めた駅食堂もできて評判にはなったが、列車を降りて皆一斉に決められた時間内に食事をすることの不便と煩わしさは次第に耐えがたくなり、ついに西部でも食堂車が運行されることになった。

イギリスの食堂車事始め

イギリスでは鉄道開通後間もなくは、駅で素性のわからない連中がビールやサンドイッチを乗客に売っていた。鉄道会社は黙認していたが、このような給食は一八四〇年頃には指定業者が規則正しく行うようになった。なお一八七一年には主要駅におけるバスケット販売が始まっている。

しかしちゃんとした温かい食事は、鉄道が開業してから約半世紀の間、大きな中間駅（たとえばロンドン～エディンバラ間ならヨーク駅）に設けられた食堂で摂っていた。このために列車は二〇～三〇分間も停車しなければならなかったが、乗客から見るとたった二〇～三〇分間しかなかったのである。落ち着いて食事を楽しむことはできず大変不便であったが、食堂車の登場はアメリカより遅く一八八〇年頃で、主要幹線に出揃うのは二〇世紀初頭まで待たなければならなかった。

駅に設けられたビュッフェの様子（19世紀イギリス）

イギリスの初期の食堂車は客車の等級をそのまま引きずり、まず登場したのは一等客専用の食堂車であった。やがて旅行の大衆化に伴い三等食堂車も誕生したが、その頃には一つの列車に一等食堂車と三等食堂車の両方を連結した編成や、一車両を一等と三等に区切った合造食堂車も現れた。等級に関係なく使える今日のスタイルの食堂車が現れるのはその後のことである。

日本の食堂車事始め

日本で初めての食堂車は一八九九（明治三二）年に山陽鉄道の神戸～福山間に登場した。山陽鉄道の社長、中上川彦次郎は福沢諭吉の甥で、若くして欧米に留学した開明派であった。彼のなすこと、やることはすべて日本初のことばかりで、いつも官鉄の東海道線の鼻の穴をあかしていた。山陽鉄道は食堂車ばかりでなく、寝台車、車内電灯照明、赤帽制度など最新式の設備やサービスは何でも真っ先に導入した。

さて、このとき登場した食堂車は一車両全体を使った専用食堂車ではなく、一等寝台一六名定員と食堂八名定員の合造車で「一等寝台食堂車」と称していた。食堂は大きな長方形のテーブルの両側に四人ずつが座り、豪華な洋食を出していた。利用するのは、庶民とは別世界の日本人エリートと外国人である。

官鉄東海道線の食堂車

官鉄の東海道線では山陽鉄道に遅れること二年、一九〇一（明治三四）年に新橋～神戸間で登場した。これは食堂と二等の合造車であった。一九〇六年には東海道線の三等急行列車に専用食堂車が連結されて話題となった。これは両側の窓際に縦に長い机が設置され、客は景色を見ながら和食を楽しんだ。ここで初期の日本の食堂車に乗った文豪たちの体験談を紐解いてみよう。

まず前出の大町桂月。貧乏文士時代に東京から岡山へ向かう際、官鉄の夜行列車では身動きも取れず散々消耗したが、神戸で山陽鉄道に乗り換え岡山に向かう道中では、食堂車に行き「幾皿の肉」と分不相応な大奮発をしている。まあ紀行文作家として身を立てるには、必要な体験コストというエクスキューズもあったかもしれない。

午前十一時神戸に着き山陽鉄道に乗りうつる。この汽車は動揺甚しけれども食堂の設けあるのみが他処の汽車に其の例を見ざる便利の点也。須磨舞子明石など景勝の地を幾皿の肉と一瓶の酒とに陶然としてすごし岡山にて乗換へて作州の津山に着きしは午後七時なりき。

やや大げさに言うと、当時は山陽鉄道の食堂車に入って洋食を注文することが恰好よいファッションだったようで、他の作家も同じようなことを書き残している。山陽鉄道の設備・サービスは明らかに官鉄のそれを上廻っていたようである。

当時は今と違って洋食に慣れた人は少なく、苦手の人も多かったはずであるが、一部にはかえって非日常的な洋食、肉食への憧れが強かったようである。ただし、幕末時代小説の大家・子母沢寛《しもざわかん》は食堂車における洋食主義に大変ご立腹であった。

汽車の一二等急行の食堂には日本飯がないが、ありゃ怪しからん話じゃ。日本人が外国人の食物をたべてどうするかい。大体人間の歯というものは菜食をするように出来ておる。

(子母澤寛『味覚極楽』一九二七年)

それでは戦前には、幹線鉄道の食堂車でどんな料理品目と値段が提供されていたのか、とくに洋食と和食はどう違ったか、一九二五（大正一四）年頃の供食業者「みかど」のメニューを見てみよう（表2-1）。

概して洋食は和食より高く、とくに和洋定食を比べて見ると一目瞭然である。やがて三等客ら大衆に配慮した和食堂車も登場し、さらに同じ食堂車で和洋食両方が食べられるようになった。

成田鉄道の車内喫茶室

ところで食堂車は、東海道・山陽という最重要幹線のほか、中小の地方私鉄にも早々と登場している。この点は寝台車や展望車と違う特色で興味深い点である。

地方の中小私鉄でその先頭を切ったのは、高松～丸亀間の讃岐鉄道であ

表2-2 「みかど」のメニュー（1925年頃）

洋食		和食	
料理品目	値段	料理品目	値段
スープ	30銭	刺身	45銭
フライ・フィッシュ	35銭	酢の物	20銭
ハムエッグ	45銭	吸い物	20銭
オムレツ	25銭	御飯	10銭
ビーフステーキ	60銭	味噌汁	10銭
チキン・カツレツ	50銭	親子丼	40銭
カレーライス	35銭	さつま汁	30銭
ビーフシチュー	45銭		
洋定食・朝食用	90銭	和定食・朝食用	35銭
洋定食・昼食用	1円20銭	和定食・昼食用	50線
洋定食・夕食用	1円50銭	和定食・夕食用	50銭

る。一九〇一（明治三四）年には早くも簡単な食堂車が設けられ、公募したウェイトレスがサーブしていた。一九〇三年には上野～成田間の成田鉄道に軽食堂車がデビューし、一九〇六年には難波～和歌山間の南海鉄道の急行に洒落たビュッフェ車が連結され、モダン・ガールがウエイトレスを勤めた。

軽食堂車の登場

食堂車は日露戦争（一九〇四～一九〇五年）後から急速かつ全国的に導入された。第一次大戦の好景気も手伝って、登山、スキー、温泉などに向かう旅行の大衆化が進み、それにともなって食堂車の利用も盛んになったのである。

食堂車は設備も大事であるが、食通はむしろメニューに興味が湧くであろう。その点ではやはりフランス系統の食堂車が洗練されている。

オリエント急行ではフランス料理を基本としていた。そこでは「フォアグラとトリフ添えの鴨肉のロースト」といった豪華絢爛な料理だけでなく、「クレソンのポタージュ」「川かますのクネール（つみれ）・リヨン風」「マデラ酒漬けセロリ」といったマニアックで洒落た料理も供されていた。

また、豪華とは言えないが、沿線ご当地の名物料理もひときわ旅情をそそった。たとえば、イギリスの「キッパース（鰊《にしん》の薫製）」、ドイツの「アイスバイン（豚足の塩茹）」、ロッキー山系の「川鱒」、アメリカ北部の「林檎」、アイダホの「ジャンボ・ポテト」などは大変人気があったという。日本の食堂車の食事の質が特に落ちるとは思わないが、これといった名物料理は思い当たらない。

このように食堂車が盛んになると、時間帯や体調から軽く食べたいという乗客はいるもので、それに応えてヨーロッパでは一九三〇年代にビュッフェ・カーと称する軽食堂車も登場した。乗客が固定式のハイチェアーに腰掛けるカウンター形式のモダンなものもあった。こうした潜在需要は日本でも当然あったはずであるが、戦前はこういう車両は存在せず、一九五八（昭和三三）年のこだま型特急電車の登場を待たねばならない。

　一九六二（昭和三七）年に電子レンジが登場すると、ビュッフェ車でも用いられるようになった。こうした効率化もあって、日本ではやがて急行用電車にもビュッフェが導入され、新幹線もビュッフェばかりとなった。欧米でもビュッフェは大変普及し、本格的な食堂車はそれに反比例して減少した。列車のスピードが上がり、所要時間が短くなると、少なくとも列車内ではスロー・フードよりファースト・フードが好まれるからであろう。美味しいスロー・フードを食べたければ、多少遅くなっても目的地に着いてから食べればよい。列車で走行中はその楽しみを封印して持ち越すのがむしろ楽しみにもなる。

　ただし日本では、食堂車があっても、なくても、汽車旅の食事は車中の駅弁で済ます人が昔から多い。駅弁の始まりは官鉄の梅田駅や神戸駅、あるいは日本鉄道の熊谷駅や上野駅といった辺りで、一八八〇年前後のことのようである。一八八三（明治一六）年には熊谷駅で寿司やパンが、一八八五年には宇都宮駅で握り飯

駅弁売りの風景（1902年頃）

に沢庵を添えて竹の皮で包んだ駅弁が売られている。それから駅弁は全国に広がり、サンドイッチやカレーなどの洋食系のほか、飲料、酒類など扱い品目も増えた。車中で簡単に食べられる駅弁は、軍隊の列車移動には打ってつけで、「軍弁」という固有名詞までできた。

駅弁の延長線上に車内販売がある。その嚆矢《こうし》はおそらく一九三四(昭和九)年の鉄道省による試験販売で、食堂車が連結されてない列車内で弁当を販売した。その後、車内販売はしだいに増えたが、戦時は中止され、車内販売が本格的に盛んになるのは、新幹線の延伸・拡充に伴ってのことである。

3 旅館より寝台車

夜行列車の登場

夕日が沈み、車窓を眺めるのにも疲れると、そろそろベッドで休みたくなる。こういう時、初期のアメリカでは列車は最寄りの駅で停車する。客は列車から降りてホテルに宿泊し、翌朝、また同じ列車に乗って出発した。しかし広大なアメリカで毎晩ホテルに泊まっていては時間やコストばかり掛かってしまう。それを解決するために、アメリカでは早くも一八三八年に寝台車が登場し、一八五〇年代から一般化していった。そこに登場したのがプルマン社という巨大な寝台車会社であり、以降の同社はアメリカの寝台車の歴史そのものと言ってよいほどの存在となった。プルマン社には面白いエピソードがいくつもあるが、これは別項で述べる。

わが国における初の夜行列車は、一八八九（明治二二）年、東海道線・東京〜神戸間の全通時にさかのぼる。この夜行列車は、新橋を夕方一六時四五分に発車して、翌日昼一二時五〇分に神戸に着いた。季節にもよるが、およそ二〇時間の道中のうち一二時間ほどが夜ということになる（夜間運転自体は新橋〜横浜間の開業時から行われていたが、夜を徹する夜行列車としてはこれが初めてである）。庶民は車内が混み合うなか、固い木製の座席で一夜を過ごしたが、ちょっと懐に余裕のある人は、あえて昼間の区間列車を使い、夜になると途中の名古屋、浜松、静岡辺りの宿屋に泊って翌日の列車で旅を続けた。

それから二年後、一八九一（明治二四）年には、日本鉄道の上野〜青森間が全通したが、直行列車はやはり夜行列車で、二七時間ほどかかった。もっとも当時の一、二等座席車はスペースの都合でロングシートになっていたので、列車が空いていれば、乗客は持参のタオルを敷いて身体を横にすることができた。

寝台車の登場

一九三〇（昭和五）年には東海道線に超特急「燕」が登場し、夜行に頼らずとも昼間の長距離移動が可能になったが、東海道線や東北線の長距離旅客は時間を惜しんで、むしろ夜行急行を利用した。この傾向は戦前はもちろん、戦後もずっと続いた。三等座席車に座ってうたた寝して過

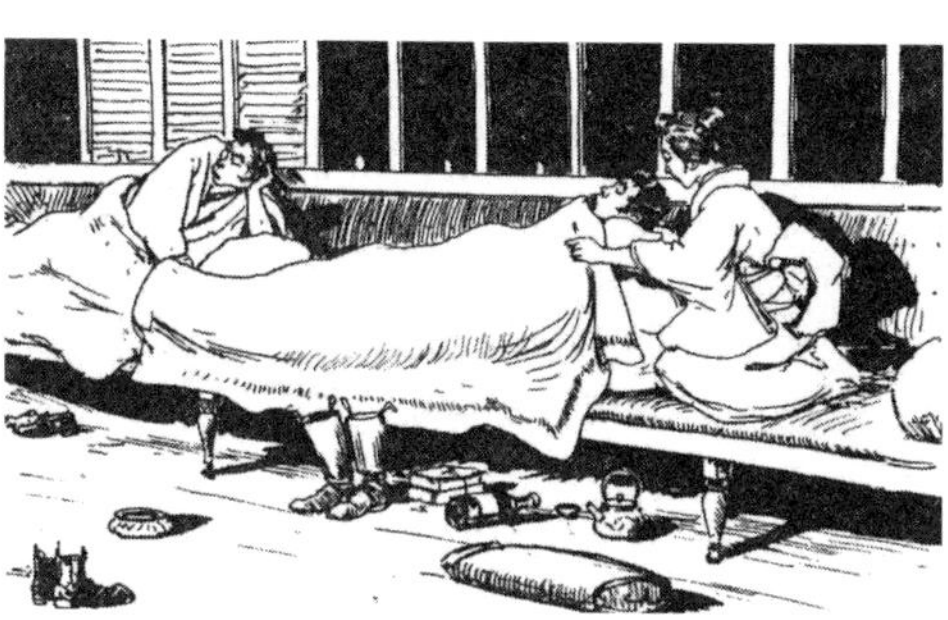

ロングシートに寝そべる男性（ジョルジュ・ビゴー画）

ごす人も多く、当時の若者はこんなことは平気というより、ごく当たり前だと思っていた。しかし、楽に寝て行きたいという希望者も当然いるわけで、そうした需要に応えるべく、寝台車が登場する。

　寝台車のような新しいサービスが、所得の多い階層を対象に始まるのは自然である。日本の寝台車の歴史はやはり山陽鉄道に始まる。一八九九（明治三二）年に登場した前述の「一等寝台食堂車」は定員一六名で、中央通路を挟んで両側に二段ベッドが設《しつら》えられた。寝台と廊下はヨーロッパのようにドアで仕切られておらず、アメリカ式にカーテンで仕切られていた。

　官鉄も負けてはいられない。こちらは翌一九〇〇（明治三三）年に新橋～神戸間の急行列車に一等寝台車一両を初めて連結した。四人用区分が五区画あり、定員は二〇名であった。ここで大事なことは、寝台車が一等から出発していることである。当時は列車の中でベッドの上に身体を横たえて就寝できるということが、格段に贅沢なこととされていたからにほかならない。

　その数年後には、二等寝台車も登場する。まず山陽鉄道、そして官鉄に導入されていったが、一八九九年から一九三〇年までの三〇年間、日本の寝台車は一、二等に限られていたのである。

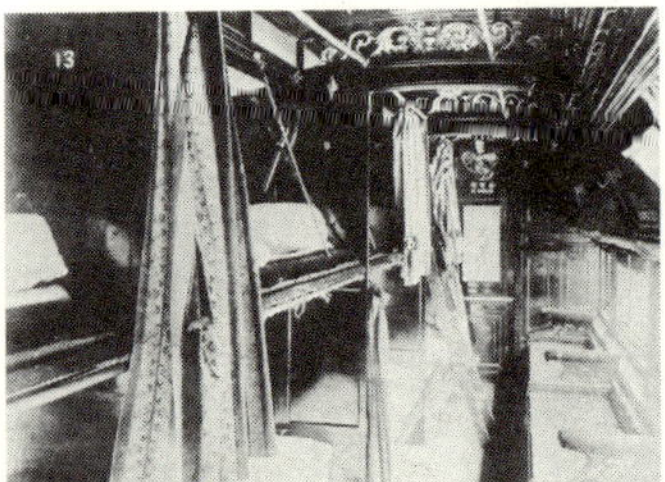

山陽鉄道の１等寝台車

日本初の３等寝台車

そして一九三一（昭和六）年になってようやく庶民のための寝台車、三等寝台車が登場する。三段ベッドを二つ設えた定員六名の室で、一両の定員は五四名であった。寝台料金は下段・中段は二円、最上段は一円であった。

三等寝台車の登場は庶民にとって大きな話題となり、「三等寝台乗心地」なる音頭まで作られた。

数奇な運命や　プチブルの客　一度試乗と　ベッドを借りや　揺れもかすかに
スタート切って　月とかがやく　レールを滑る　ハヽ三等寝台乗心地

駅のセンチな　シグナルの灯も　夢で越します　夜の底を　切符安いさ
幾夜の夢を　狭いながらも　守るサビス　ハヽ三等寝台乗心地

京の倅《せがれ》の初孫だより　早く見たさに　気もそぞろ　さっさ乗りましょ
楽しい旅路　ホンニ月夜で旅日和　土産丸ビルで　どっさり買ふて
さあさ発車の東京駅　ハヽ三等寝台乗心地

ここからは日本における寝台車の普及は順調に進み、幹線のみならず亜幹線にまで、特急・急行のみならず普通列車にまで、寝台車が連結されるケースも増えていった。ただし、ほとんどすべて夜行列車の編成の一部として、座席車と併結されていたに過ぎない。したがって、戦後に現れたブルートレイン、すなわち寝台専用列車とは趣を異にする（ただし一七・一八列車は一、二等のみで構成される寝台列車であり、しかも二等座席車を一両しか連結しなかったので、実質寝台専用列車に近く「名士列車」の俗称で知られてはいたが）。

百間の寝台車見聞記

一九四一（昭和一六）年に太平洋戦争が勃発すると、まずは誕生したばかりの三等寝台車が廃止され、一九四四年には全寝台車が廃止されてしまうのであるが、ともあれこうした戦前の寝台車事情を内田百閒に語ってもらおう。

学生時分の帰省に汽車がこんだ事はこの頃と同じ様であって、通路にらくに起っている事もできなかった。〈中略〉腰を掛けてもすぐ前の相乗客の膝がつかへて足を伸ばす事は出来ない。〈中略〉眠いよりも暑いよりも足のやり場がないのが一番つらかった。何の欲も云はないからただ平らな所で足を伸ばしたい。さうして寝た儘《まま》伸びをして見たい。三等にも寝台があるといいなあと思った。〈中略〉三等寝台の寿命は短かったが二等寝台の昔さう古くはなささうである。私の思ひ出す汽車に二等寝台がついた当初は大変な人気であった。下段三円五十銭上段二円五十銭その外にダブルベッドがあって四円五十銭であった。〈中略〉一等寝台は廊下があって部屋になっていてこんな結構な事はないと思ったが、広い方のコンパートでそこへ知らない人が這入《はい》って来ると余り有り難くない。〈中略〉知らない同志なら寧ろ二等寝台の大部屋の方が気がらくである。

（内田百閒『寝台車』）

元来汽車好きの百閒は、三等から二等、一等と味わう機会があった。特に陸軍士官学校や、海軍兵学校の教官を務めていた時は、二等でも、一等でも一般人の半額で乗れたから、寝台車も一、二、三等と全部味わい尽くしている。それゆえ、百閒の見聞記は貴重な資料でもある。もっとも、百閒自身は、昼間の列車で景色を見ながらゆったり汽車旅をしたかったようである。

寝台車の復興

戦後、日本の寝台車の復興は早かった。GHQは一、二等寝台車を進駐軍専用に接収しただけでなく、一九四八（昭和二三）年には一等寝台車を新製させた。また、一九五〇年には外国人観光客用にの一等寝台車と、日本人向けの二等寝台車を新製ないし改造させている。

寝台車の投入に弾みがついたのは一九五六（昭和三一）年のことで、新設計の軽量客車として一挙に一〇〇両もの三等寝台車が投入された。これで全国的に寝台車が急行列車に連結されることになった。そして寝台車を中心に、固定編成の豪華列車を充当した夜行寝台特急列車の黄金時代が到来するのである。

その第一走者こそ、一九五八（昭和三三）年にデビューした夜行九州特急「あさかぜ」「さくら」「はやぶさ」である。これらの客車編成の拡充に加え、電車寝台特急もデビューした。しかし新幹線

連合国軍専用列車の展望車

網が全国的に拡充するようになると、状況は変わった。新幹線を使えば日帰り出張が可能であるし、出張先で朝から仕事をするなら、新幹線の最終列車に乗って駅前のビジネスホテルに泊ったほうがはるかに楽である。さらに高速道路網の発達に伴って、気楽に安く乗れる夜行バスが走りはじめ、倹約派にとっての福音となった。言うまでもなく、こうしたライバルたちの登場は、夜行列車、寝台特急にとって明らかな逆風である。夜行列車、寝台特急は徐々に姿を消していき、二〇一五（平成二七）年八月二三日に最後のブルートレイン「北斗星」がラスト・ランを行った。

④ 展望車にはいろいろあった

オープンデッキ型から流線型型へ

展望車とは、列車の掉尾《とうび》を飾る花形車両である。後方に開けた視界を乗客に楽しんでもらいつつ、見た目にも格段の豪華性を売り物にして、いわばその列車の象徴として連結されるものである。まずは三島由紀夫が『春の海』で描いた、展望車に関するくだりを抜き出してみよう。時代は大正初頭、乗客は一等車の華族階級で、ゆったりとした時間が流れている。

新橋・下関間の特別急行列車は朝の九時半に新橋を発ち、十一時五十五分で大阪へ着くのである。〈中略〉列車が展望車の欄干を見せて、光りの帯を縫いながら、重々しく後尾からホームへ

1・2列車「富士」の展望車

入ってきた。〈中略〉窓外に鋭い呼笛がひびいた。〈中略〉汽車が軽い身じろぎをして、目の前の糸巻の糸が解けたように動き出した。〈中略〉後尾の欄干が、たちまち遠ざかった。発車の勢いのよい煤煙が残されて、ホームに逆流し、あたりは、荒んだ匂いに充ちた時ならぬ薄暮が立ちこめた。　（三島由紀夫『春の雪＝豊饒の海㈠』新潮社、一九六五年）

先述のとおり、この小説の舞台は大正初頭である。現実世界では一九一二（大正元）年に東京～下関間に特別急行列車一・二列車がデビューしている。この列車のために国鉄では、木造ではあるが豪華な専用客車を新製して、前年輸入したばかりの新鋭SLに牽《ひ》かせた。とくに圧巻は後尾に連結されたデッキ付き一等展望車で、終着駅形式の新橋駅では、機関車に押された展望車が先頭になってホームに入ってくる姿が見られた。

こういう構造の展望車の歴史を辿ると、アメリカに行き着く。長大なボギー車が早くから普及したアメリカで

アメリカのデッキ式展望車

アメリカの流線形式展望車

は、初期の客車の乗降口は車両両端にある雨ざらしのオープンデッキであった。列車編成の最後尾車のオープンデッキ自体がそもそも展望車的であったのである。ここから展望車への道はそう遠くない。手摺などをもっと丈夫で豪華なものとし、最後尾の妻面に大きなガラス窓とドアを取り付ければ、室内からでも後方視界はきわめて良好となる。わが国の一等展望車も、こうした一九二〇年代までのアメリカの展望車の流れを汲んだのである。

　そして一九三〇年代半ば以降になると、アメリカでは流線形の列車編成が登場してくる。最後尾の展望車はオープンデッキを廃し、滑らかな流線形曲線で包み込まれた。列車冷暖房・空調システムが設置されるようになると、密閉式のほうが都合がよかったのである。アメリカではこのような流線形展望車が一九三五年辺りから陸続とデビューしはじめ、二〇世紀特急やブロードウェイ特急などに連結された。昔からアメリカの鉄道を手本と仰いできた満鉄の「あじあ」号の展望車も、まさにこの流れに沿うデザインであった。

ドームカーの登場

ところが戦後になると、最後尾の眺望ではなく、屋上からの眺望や前方・後方両方で眺望を楽しめるレイアウトの展望車が登場してきた。

アメリカで登場した「ドームカー」がそれで、客車の屋根上にガラス・ドームを張り出し、展望車とした。ゼネラル・モーターズ副社長・シラス・オスボーンの発案によるものである。

アメリカのドームカー

一九四四年、彼は自社が造ったディーゼル機関車の走行性能を視察するため、運転室に添乗していた。機関車がコロラド州グレンウッド・キャニオンに差し掛かった時、オスボーンはその雄大なスペクタクルに圧倒され、思わず見とれてしまった。ホテルに投宿したオスボーンは、さっそくドームカーのスケッチを描いた。そのスケッチを手に自社社長、車両メーカーの社長、鉄道会社の社長らにこのアイディアを披露したところ、たちどころに賛同を得た。試作車を造って乗客の反応を見ると、充分成算ありと思われた。果たして大陸横断列車にこのドームカーをデビューさせたところ、たちまち大人気を博したのである。

結局アメリカでは、このドームカーを一五の鉄道が採用し、二三五両が導入された。もっともこのドームカー、景色が雄大で車両限界の大きい大陸横断ルートや西部地区では遺憾なく実力を発揮したが、車両限界の厳しい東部のニューヨーク・セントラル鉄道やペンシルバニア鉄道は最後まで採用されなかった。

ドームカーは、アメリカ以外では一時西ドイツ国鉄の観光特急「ラインゴルト」や、フランス国鉄の観光専用ディーゼルカーなどに採用されたが、それ以上は広がらず、いつの間にか消滅してしまった。そもそもヨーロッパでは車両限界が厳しい路線が多く、列車の高速化を追求するうえでも、ドームカーは向かないと判断されたのである。日本もまた車両限界が小さく、ドームカーが導入されることは一切なかった。

パノラマカーの登場

もう一つ、前方、後方両方の眺望を楽しめる展望車の仲間として、パノラマカーが登場した。通常は運転席によって眺望の利かなくなる列車前方の眺望を乗客に与えるレイアウトを特徴とし、一九五二年にデビューしたイタリア国鉄自慢の特急電車「セッテベロ」を嚆矢《こうし》とする。

従来の展望車は列車後尾部だから、眺望は利いても、過ぎ去る景色を見ることになる。ドームカーはいわば屋上からの眺望である。それに対してパノラマカーは、本来、運転手しか享受できない

イタリア国鉄ETR300「セッテベロ」

前方から迫り来る景色を見るのであるから、乗客の好奇心を充たすことができる。そのために運転台は屋上に張り出さねばならなかった。このレイアウトは日本にも導入され、小田急3100形NSE車や名鉄の7000系パノラマカーなどに具現化されている。

名鉄7000系は、当時の名鉄副社長・土川元夫氏（一九六一年一二月社長就任）が訪欧時にイタリアで乗ったETR300を気に入り、帰国後に社内に写真や資料を回付して検討させたのちに発注された。これがデビューすると展望室はたちまち人気の的となり、連日満員の盛況を呈した。ただ唯一懸念されたのは、先頭部ギリギリ一杯を客室とすることによって、衝突による旅客の安全確保をどうするかであった。

その答えが、前面の左右に配置された二組のオイル

名鉄7000系

小田急3100形

ダンパー（ショック・アブソーバー）と床置きクーラー、さらには強化された車体骨組である。果たして一九六一年一一月に踏切で警報無視のダンプカーとの衝突事故があったが、被害は軽微であった（このことから「ダンプキラー」という異名が付けられた）。

東急の運転台眺望の一例

その後、同タイプの車両が、小田急（5000形、10000形、20000形など）と名鉄（1000系、8800系など）で登場したのは、周知のとおりである。

なお、ドイツにおいてICE－3型やICE－T型は運転台こそ通常の位置であるが、運転室と客室を大きなガラス窓で仕切るのみなので、先頭車両の乗客はパノラミックな前方視界を楽しめるという点ではパノラマカーと一脈通じている。このタイプは最近の私鉄電車や山手線、中央線をはじめ多くの通勤電車でも見られる。戦前や戦後も長らく、運転台はいかにももっともらしく客室と壁で遮断され、窓があってもたいてい運転室のシャッターが降ろされ、乗客は前方視界を塞がれていた。それが最近はこの仕切りが大きな窓ガラスとなり、運転室のシャッターもよほどの支障のないかぎり、降ろされない。

すなわち、本来豪華列車でしか楽しめなかった展望車の遠望は今や一般化、大衆化されたのである。

第3章 乗り心地の改善

——軋み・騒音・振動を抑える

1 車体の軋みは建てつけから

車体の振動の種類

まずは夏目漱石の経験をご紹介しよう。一九〇九（明治四二）年、漱石が親友の満鉄総裁・中村是公に招待されて満洲・韓国旅行をした帰途、大阪から京都に向う列車の描写である。

六時四十分の汽車にのる。如是閑と高原と金崎とがやって来た。此汽車の悪さ加減と来たら格別のもので普通鉄道馬車の古いのに過ぎず。夫《それ》で一等の賃銀を取るんだから呆れたものなり。乗っていると何所《どこ》かでぎしぎし云ふ。金が鳴る様な音がする。暴風雨で戸ががたがたすると同じ声がする。夫で無暗《むやみ》に動揺して無暗に遅い。

（夏目漱石「日記」一九〇九年一〇月一五日）『漱石全集』第一七巻）

漱石が乗ったのは一等車であったが、木造の四輪単車構造の客車のようである。車体にもうガタが来ていたのであろう、車体剛性が低くて、ひどく軋みが出ていたのである。漱石は、すでに満洲や朝鮮で、日本よりゲージの広い大型でがっちりした貴賓車や一等車に乗り慣れてしまったので、よけいそう感じたのかもしれない。

せっかくの漱石先生の指摘であるから、ここで振動と乗り心地との関係について整理してみたい。

車体の振動は次のように二大別される。

- ビビリ振動：車体そのもののビビリ＝車体の建て付けに起因
- 動揺：車体の揺れ＝主に台車の動揺に起因

ビビリ振動を抑える

もう少し厳密に言うと、「ビビリ振動」とは周波数六ヘルツ以上の振動で、車体を弾性体と見立てた場合の振動を指す。ミシミシ、ガタガタとなるのは、主に車体の剛性が不足しているからで、とくに木造車体の場合に問題になる。

一方「動揺」とは、周波数五ヘルツ以下の振動のことで、車体はガッチリした剛体であっても、レールと車輪との間に起きる振動が台車を介して伝わり、これが「動揺」となる。

「ビビリ振動」については漱石に指摘されるまでもなく、鉄道マンはその低減に留意してきた。車体の剛性を示す目安は「曲げ剛性」と「ねじり剛性」である。前者は台車の中心点を支点として支点間の車体が下方へどうたわむか、どこまで耐えるか、という観点である。後者はX軸廻りのローリング、Y軸廻りのピッチング、Z軸廻りのヨーイングという三種のねじりの運動が働く場合、車体がどうたわむか、どこまで耐えるかという観点である。

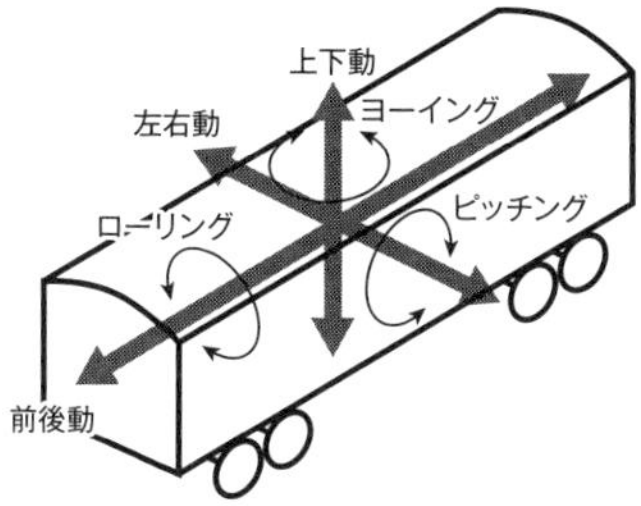

「曲げ剛性」と「ねじり剛性」

「ビビリ振動」を抑えるということは、基本的に車体の剛性を上げることである。ただしそのために車体を頑丈にすると、とかく車体が重くなり、軽量化の要請とは真っ向から相反するので、その程合いを追求することが肝心である。

客車の車体構造の変遷を大まかに見ると、四輪単車の木造車体→ボギー車の木造車体→ボギー車の鋼製車体→ボギー車のアルミ車体という流れで、世界でも日本でも共通している。木造車体は鋼製車体やアルミ車体に比べて剛性が低く、新車でも軋みが発生することは避けられない。

2 列車の動揺は縦横斜め

縦方向の動揺を抑える

列車の動揺でまず問題となるのは、レールのゆがみや継ぎ目を拾う車輪・車軸の動揺を、どのように緩和して車体に伝えるか、であった。鉄道開通以前の二軸四輪の馬車では、道路面の凸凹《でこぼこ》を拾う車輪・車軸と車体の間に緩和装置として板バネが使われていた。初期の客車や貨車も自ずとそれを踏襲して二軸単車に板バネが用いられた。その後、鉄道技術の進歩にしたがって、使われるバネの種類と組み合わせが変遷・発展してきた。日本におけるその変遷を時代区分してみよう（表3-1）。

またバネが設置される位置は、最初は車軸受けの真上一ヵ所であったものが、車軸の衝撃をまず一次的に受ける軸バネと、さらにもう一段衝撃を和らげる枕バネの二重構造に進歩していった。い

表3-1　日本の鉄道車両のバネの変遷

タイプ	時期	台車構造	軸バネ	枕バネ	備考
タイプ1	1872年	2軸単車	板バネ	なし	鉄道開通時
タイプ2	1878年頃	4軸ボギー車	板バネ	板バネ	試験輸入されたボギー客車
タイプ3	1889年頃	4軸ボギー車	コイルバネ	板バネ	東海道線全通時
タイプ4	1957年	4軸ボギー車	コイルバネ	コイルバネ	国電新型台車
タイプ5	1958年	4軸ボギー車	コイルバネ	空気バネ	こだま型電車／あさかぜ

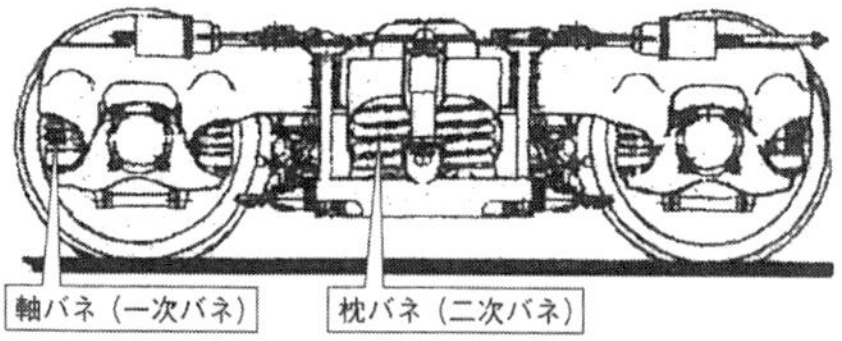

⇦軸バネと枕バネの位置関係

⇩台車の変遷

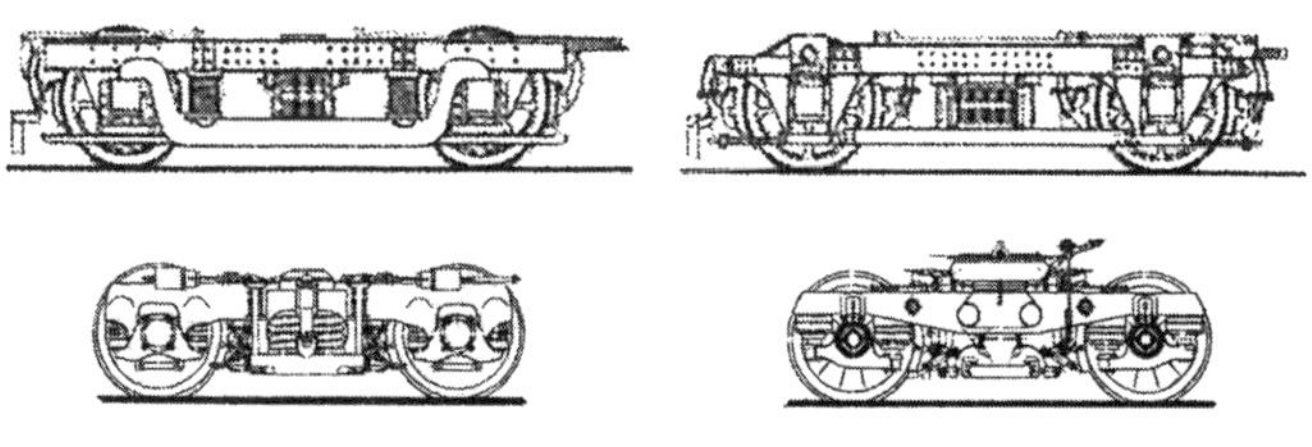

ずれにせよ、バネの原理は弾性体の物質のもつ復元力を利用するもので、板バネ→コイルバネ→空気バネという大きな流れであり、それらが台車の軸バネと枕バネの組み合わせにどう関係してきたかにご注目いただきたい。軸バネとコイルバネの取り付け位置関係や機能分担はご承知と思うが、念のため図示しておこう。

そしてタイプ1からタイプ5までについても、現実の台車の絵図でヴィジュアルにしてみよう。

日本では一八七二(明治五)年の鉄道開業時の客車はすべてタイプ1の二軸単車で、緩衝装置は当然板バネであった。ほどなくイギリスからサンプル輸入したボギー車は、軸バネ・枕バネともに板バネしか使われていなかったから、タイプ2に該当し、乗心地は当然悪かった。そして一八八九年の東海道線全通時に導入されたボギー車において、初めて軸バネはコイルバネ、枕バネは板バネという組み合わせになった。これがタイプ3で、この基本構造は一九五六（昭和三一）年まで何と七〇年近く、日本の台車を支配したのである。ただし、台車の台枠の外観を見ると大きな変化があった。大きく分けると三つのカテゴリーになる。

日本の初期のボギー台車は、釣合い型台車（イコライザー型）であった。二軸を支点にして弓型ないしU字型の梁を掛け、その梁上にコイルバネを置き、枕バネとして板バネを使う構造である。これが一九二九年頃から大きく転換する。イコライザー（釣合い梁）を排して軸バネは軸受けの真上に来るが、枕バネは同じである。国鉄で言えば前者の代表がTR－11型、後者の代表がTR－25型である。

この両タイプの台車の乗心地の比較は、一九五五（昭和三〇）年頃までは山手線に乗れば簡単にできたものである。当時の国電は今と違って、年代の異なるさまざまな形式の車両で編成されていたからである。私の印象では、両者の乗心地は甲乙付け難い感じであったが、強いて言えばTR－11型のほうが柔らかく、TR－25型のほうは堅い代わりに上下動は少なかったように記憶する。これはおそらくTR－11型のほうが軸バネのストローク（上下動の振れ幅領域）が長かったからであろう。

こうした国鉄内の台車履き換えを尻目に、関東・関西の大手私鉄の電車は、ほぼ例外なく一貫して釣合い型台車を採用し続け、一九五五年頃まで台車の王者として君臨した。ただし戦後になると、国鉄は優秀車両の台車をTR－47型といって、軸バネを軸受けの両側に配したウィング・バネ型といわれるものに切り替えた。私鉄の新車でも同様の動向が見られた。いろいろ述べたが、ここまではすべてタイプ3の領域の話である。

台車革命——空気バネの登場

そして、台車革命の波は一九五七～五八年に一挙に押し寄せてきた。「新性能電車」と称される一連のシリーズで、中央線の90系通勤電車、東海型急行用電車、ボンネット・スタイルのこだま型特急電車が一斉にデビューした。これらのうち、90系と東海型が履いた台車は軸バネ・枕バネともにコイルバネで構成されたDT－21型という新型台車で、タイプ4に該当する。

一方、こだま型特急電車は、軸バネとしてコイルバネ、枕バネとして空気バネを装着したDT－23型という台車を履き、これがタイプ5に該当する。これら一連の新型台車は見た目にも軽量小型である。それは台車フレームが従来の鋳鋼製や鍛造製とは異なり、型鋼から切削したものとなり、ホイールベースも短くなったからである。タイプ4の場合、軸バネ・枕バネともにコイルバネだけの構造だと柔軟性は出ても、上下動の振動が増幅して共振してしまう恐れがある。それを防止するために、とくに枕バネにコイルバネとともにショック・アブソーバー（オイルダンパ）を着用している。このタイプ4とタイプ5は私鉄でも導入され、現在、われわれの目にする台車は新幹線も含め、すべて原理的にはタイプ5だと言って過言ではない。

こういう技術進歩のなかにあって、何と言っても革新的だったのは、空気バネの採用である。その原理はゴムまり、空気マクラ、タイヤなどを連想してもらえばよい。乗物への空気バネ採用の嚆矢はアメリカで、「グレイハウンド」といった大陸横断バスを筆頭に広くバスに採用されたことに始まる。空気バネの本体はベローズと呼ばれる空気の入ったゴム製容器で、これと小さな孔で連絡している補助空気室から空気を送り込む。その際、バネの高さをいつも一定に保つためのレベリング・バルブ（高さの自動制御弁）が作動する。したがって乗客や積荷が変化しても、バネの高さを一定に保つことができるのである。

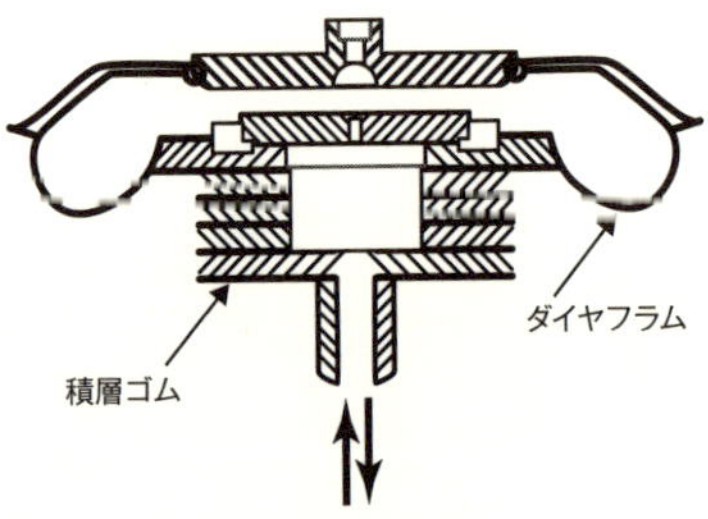

空気バネの原理

3 まっすぐ走る、スムーズに曲がる

直進安定性の向上

こういうバネの進化で客車の縦方向の動揺は大分緩和されたが、人間の欲求は飽くなきもので、他の種類の動揺が気になってくる。それは直進安定性と曲線追随性である。

鉄道車両は自動車のような舵（ステアリング）を持っていないが、線路のカーブは避けられない。

そのために車輪の踏面にテーパー（傾斜）を付けている。車輪がレールから外れないようにする両輪のフランジ（つば）の間隔は、レール幅（ゲージ）より若干短めに造られているので遊びがある。したがってカーブに車輪が差しかかると、外側の車輪は遠心力によって直径の大きい踏面でレールに接し、内側の車輪は直径の小さい踏面でレールに接する。それによって車輪、台車ひいては車両が内側に曲がりやすい物理的状態を作り出している。

　ところが、こういう形状をした車輪の踏面が直線を走行すると、走行が不安定になりがちである。フランジの間隔とゲージの間に遊びがあるため、車輪が左右に揺れてしまうからである。これが「蛇行動」である。もし直進安定性だけを考慮するなら、踏面に傾斜を付けずに扁平にしてやればいいが、むろん、それでは曲線の通過に支障が出る。

　他方、直進安定性が低いと、脱線の危険があるばかりか、スピードアップの障壁ともなるし、乗り心地も悪くなる。その対応策としてまず考えられたのは、台車をがっちりした台枠（たとえば鋳鋼製）で固め、ホイールベース（軸距。前輪軸と後輪軸の距離）を長くすることである。一九五〇年代にはこのような台車が随分採用された。

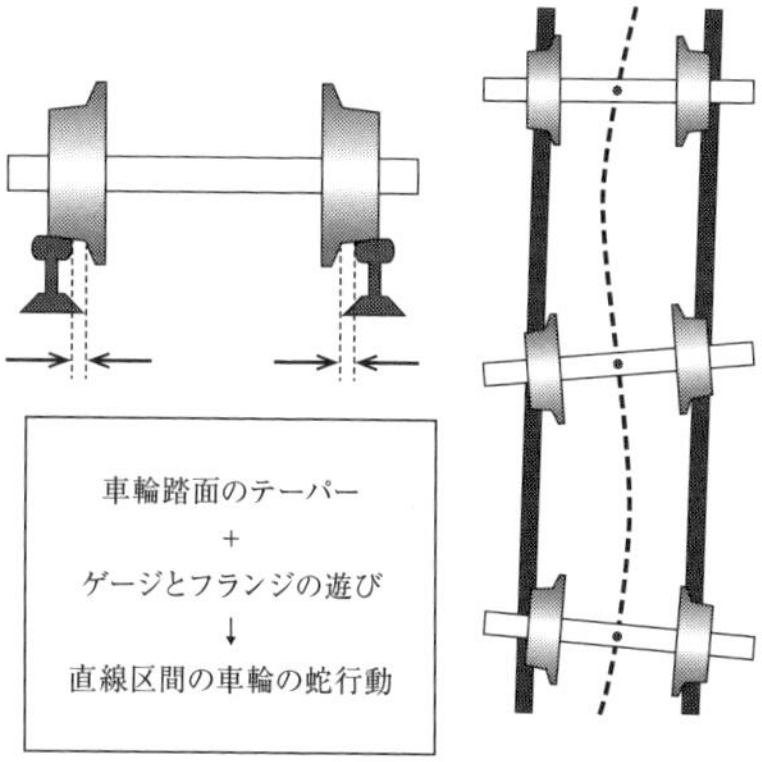

直線区間における蛇行動

いかにも重たそうな鋳鋼製台車

しかし、台枠をがっちり固めると、車重が大きくなりすぎて、エネルギー消費が増えるし、高速運転にも支障が出る。そこで現れたのがボルスターレス台車である。「ボルスターレス」とは、従来の台車からボルスター（枕梁《まくらばり》）をレス（無くした）という意味である。ボルスターは台車のフレーム上に設置された梁で、台車と車体の角度を自在に変えられるようになっており、このおかげで列車はカーブをスムーズに曲がれる。ボルスターレス台車では、このボルスターの代わりに、台枠と車体の両方に（枕バネとして機能する）空気バネを直接固定させてしまうのである。これだと直進安定性はたしかに向上するし、大幅な軽量化も可能である（ボルスターレス化による重量軽減は、一台車あたり一トン程度といわれる）。問題は空気バネのたわみでカーブをどの程度曲がれるかである。

研究と実証の結果、新幹線のように曲線半径が四〇〇〇メートルの場合はまったく問題がなく、在来線でもほとんどのカーブに対応できることが判明した。ただし、半径一〇〇～二〇〇メートルの急カーブは曲がりにくい。そのため、とかく急カーブの多い地下鉄、たとえば東京メトロ銀座線

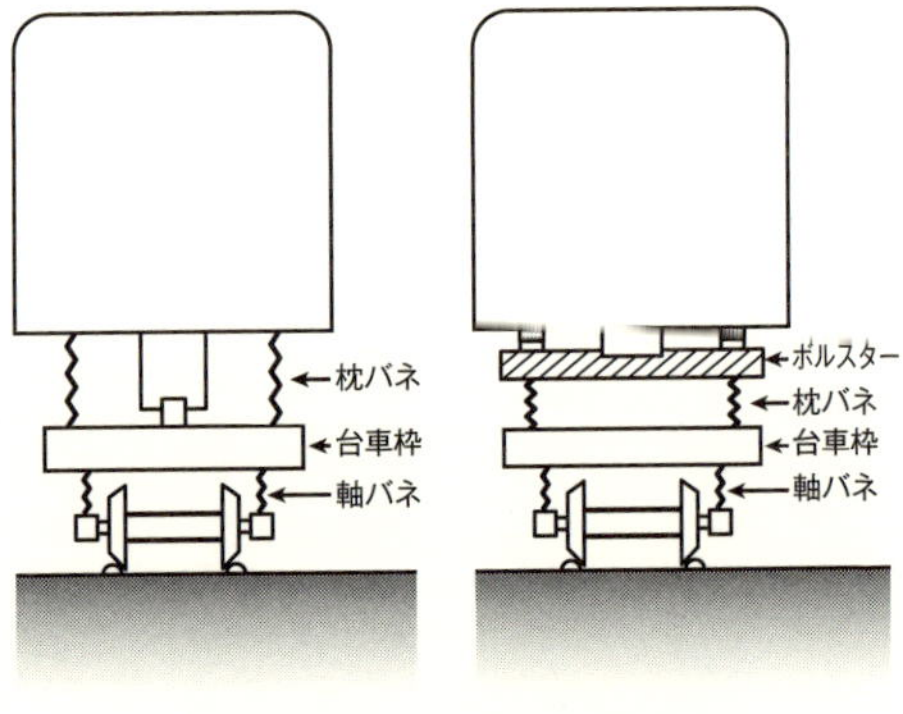

ボルスターレス台車と従来の台車

などではボルスター付き台車を採用し続けているし、京浜急行のように、あえてボルスターレス台車を使わない電鉄会社もある。

カーブをスムーズに曲がる

　次に曲線追随性の問題である。通常のボギー台車のホイールベースは二〜二・五メートルである。左右のホイールベースは同じ長さで固定されているので、カーブに差し掛かると車輪や台車が軋《きし》むのは避けられない。緩いカーブであっても、高速で走れば安定性が損なわれる。その対応策として現れたのがステアリング（操舵）台車である。その基本的原理はカーブに応じて、内側のホイールベースを外側より短くし、できるだけ車軸の角度をレールに対して直角にしようとするものである。車軸を受ける軸箱が多少左右に動ける遊びをつくってカーブに対応するもので、その物理的メカニズムはいろいろある。カーブにさしかかると、自然と対応する「自己操舵台車」（自然操舵台車）、油圧などを使って強制的にコントロールする「強制操舵台車」、そして中間型の「半強制操舵台車」がある。

　操舵台車は曲線の大小にかかわらず採用されはじめているが、その目に見える効果は、急カーブの線路で顕著

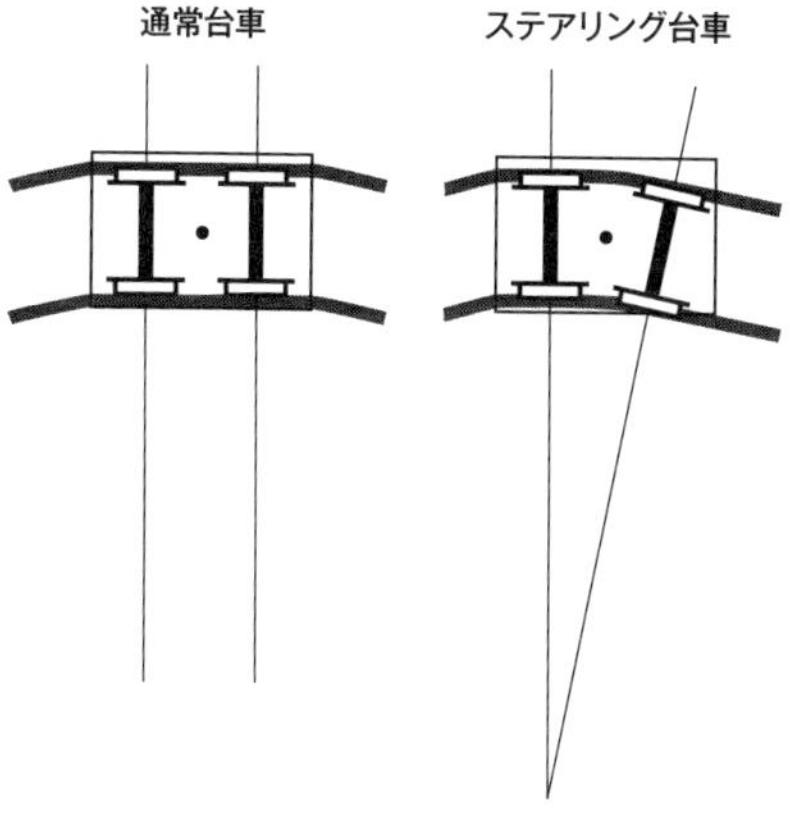

ステアリング台車

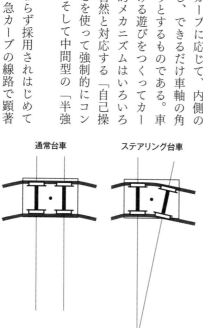

に表れる。東京メトロ銀座線の1000系は、ボルスター付き台車を使い続けるだけでなく、より積極的に急カーブを通過する時の難点を克服しようと操舵台車の採用をはじめている。操舵台車を履いていない01形旧型車両と比べると、レール内側と車輪のフランジ外側が強く押し合う力、横圧が三〇パーセント低減したといわれている。これによって、当然レールや車輪のメインテナンス・コストが低減し、急カーブ走行時に出るキーンという金属音がぐんと減ったのである。

横揺れを抑える

ここまで、車両の縦揺れの抑制、直進安定性、曲線追随性を見てきたが、最後に残った大きな問題は横揺れである。人間の感覚上、縦方向の動揺より横方向の動揺のほうが気になるようである。在来線においてはカーブやポイントを通過する時、新幹線においては空力的な理由で、列車編成の後方、とくに最後尾車では横揺れが大きい。こうした横揺れへの対応策としてセミアクティブ・サスペンションやフルアクティブ・サスペンションが採用されはじめた。実際に乗ってみると、たしかに横揺れが抑えられており、乗り心地が向上したと感じる人が多いという。

アクティブ・サスペンションは、単なるバネやショック・アブソーバーで構成されるサスペンションとは異なり、センサーと動

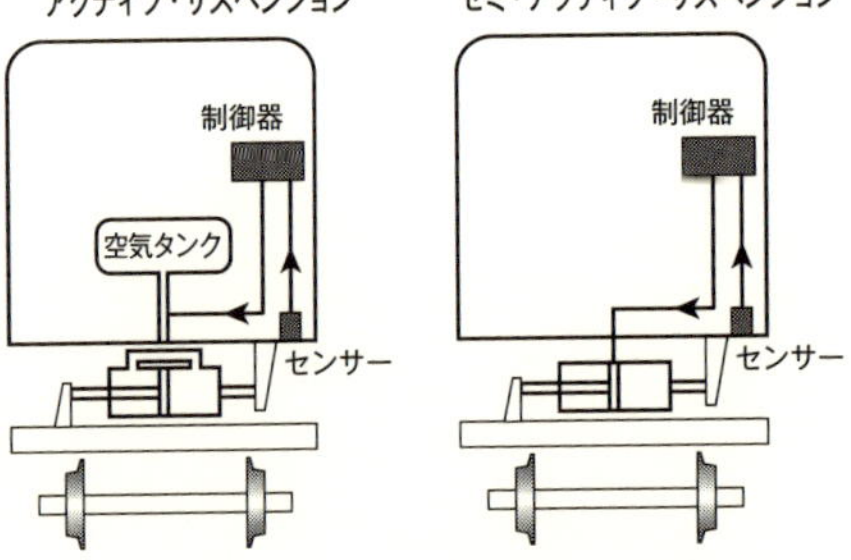

アクティブ・サスペンションの構造

力装置を付け、左右方向に置かれたシリンダーに空気を送り込むことによって横揺れを打ち消す装置である。

セミアクティブ・サスペンションはそこまで能動的ではないが、やはりセンサーと動力装置によって、左右方向に置かれたショック・アブソーバーの効き目具合を調節して、横揺れを緩和する装置である。このような能動的なサスペンションが新幹線に本格的に導入されたのは、その半世紀以上の歴史のうち最近二〇年間のことで、比較的新しい技術である。導入の大きな傾向としては、装備がセミからフルへ、先後端車両やグリーン車から、編成の全車両へ向かっている。

ここまでいろいろな話が続いたため錯綜気味かもしれないので、車体の動揺の種類と対応方法を整理しておこう。

- **縦方向の動揺**：緩衝装置→台車におけるバネの組み合わせ
- **直進安定性**：蛇行動の防止→ボルスターレス台車
- **曲線追随性**：車軸をレールと直角にする→ステアリング台車
- **横揺れ防止**：横揺れを打ち消す→アクティブ・サスペンション

4 台車は乗り心地を左右する

ここまで述べてきた車体の動揺の改善は、すべて台車および台車と車体との繋ぎ方に関するもので、広義にとれば台車の問題に帰着する。

戦後の国鉄は幹線鉄道の電化、とりわけ長距離高速電車の実現に邁進《まいしん》した。そのための課題はいろいろあったが、台車の改良はその中でも最大の課題であった。海軍の航空技術者から国鉄・鉄道技研に入った松平精《ただし》は「当時の車両の振動は、現在の車両に比べると数倍の大きさであって、とくに電車の振動はすこぶる大きく、乗り心地はきわめて悪いものでした。したがって、このような電車を長距離列車にすることは思いもよらぬ事でした」と述懐している。戦前から国鉄の車両設計の主流を歩いてきた島秀雄も、電車の振動の最大の原因は台車にあるはずだと見当をつけ、戦後すばやく「高速台車振動研究会」を立ち上げている。研究会のメンバーは国鉄本社の車両設計技術陣、鉄道技術研究所の技術者、車両メーカーの専門家などで構成され、まさに戦後における鉄道高速化研究の口火を切ったといえる。

また、一九五一（昭和二六）年に発行された電気学会電鉄部門委員会編『今後の電車』に挙げられた電車の大きな改良課題は次のとおりで、「台車の改良による乗り心地の改善」は真っ先に取り組むべきテーマであった。

①台車の改良→乗り心地の改善と脱線防止

②モーターの小型高速回転化→高速化・高加減速化
③駆動方式の改良→バネ下重量軽減による乗り心地の向上と保守コストの低減
④車体の張殻構造化と材料の変更→車体の軽量化

これらは高速電車についての議論であるが、それは当然客車にも共通するもので、当時の電車編成の中には「サハ」（動力も運転台も持たない車両）も組み込まれており、それは本質的に客車と同じであった。国鉄でも私鉄でも台車の改良が急務であったので、その努力はすぐに現れ、一九五〇年頃を境にして見た目にも新鮮な形をした台車が急激に多種類出現してきた。私はそれらに何となく異国情緒を感じたのであるが、それもそのはず、ほとんどは外国の技術導入によって誕生したものであった。シュリーレン型（スイス）→近畿車輛／アルストム型（フランス）およびミンデン型（ドイツ）→住友金属／パイオニア型（アメリカ）→東急車輛といった技術提携によってさまざまな台車の生産が始まっていたのである。

5 騒音源はこんなにあった

騒音の社会問題化

車体の軋みは車体の鋼体化により、車体の動揺は台車周りの進化によって改善されてきたが、騒音も鉄道には昔から付いてまわる問題である。ただし、戦前は良くも悪くも公害問題的な意識は今に比べるとずっと低く、列車騒音はほとんど問題化しなかった。そんなことより、混雑やSLの煤煙などのほうが先決問題であったからでもある。

戦後しばらくも同じ状況であったが、一九七〇年代になって、初めて騒音問題が取り上げられ、訴訟問題にまでなった。在来線では、高架下や鉄橋のたもとでもあまり問題化しなかったが、東海道新幹線開通後、名古屋市の南区、熱田区、中川区内の沿線住民五七五人が国鉄を相手どり、騒音低減措置と一人あたり一〇〇万円の慰謝料を求めて提訴した。いわゆる「名古屋新幹線訴訟」である。ようやく一九八六(昭和六一)年に「当面七五ホーン以下への騒音抑制および和解金支払い」という結審を見たが、これは乗客の快適性とは別次元の沿線環境の問題であった。

トンネル以外の明かり区間、とくに人口が密集している都市部の沿線に対する騒音源としては次のようなものがある。

- **転動騒音**：車輪とレールの接触回転によって生じる音
- **構造物騒音**：地上側の鉄橋などによる振動音
- **車両本体の空力騒音**：車体の側面・床下面から生じる音
- **集電系騒音**：パンタグラフおよびその周辺から生じる音＝スパーク音＋空力騒音

これらはその後、車輪の踏面とレールを適正な形状にして研磨保守すること、道床の改良、防音壁の設置などでほぼ解消したが、唯一、防音壁の高さでは遮断できないパンタグラフの騒音問題が残っている。

車内の騒音源

最近は乗客にとっての静粛性がとみに求められてきたのは、鉄道車両に限らず、乗用車、バス、飛行機など交通機関全体にわたっている。快適性の要求のバーが上がり、この面でも贅沢《ぜいたく》になってきたといえよう。それでは乗客が列車の走行中に感じる車内騒音源には何があるかを見てみると、意外に沢山あることに驚く（表3－2）。

このように騒音源はさまざまであり、車内への闖入《ちんにゅう》経路もまちまちであって、車内騒音問題の原因追求と対策は容易ではない。究極は個々の

表3-2　鉄道車両における騒音源

分類	騒音源
自動的発生音	動力源（モーターやエンジン）の音
	動力制御装置（インバーターや過給機など）の音
	動力伝達装置（変速機やギアなど）の音
	空気圧縮機の音
	クーラー関係音
受動的発生音	レールと車輪の摩擦音
	台車の振動音
	車体、窓、戸の振動・共鳴音
	集電装置の摩擦・振動音
	架線の振動音
	車体の風切音
	周囲構造物の振動・反射音

表3-3　鉄道技術の進歩と騒音

大別	変遷要素	騒音増減	備考
線路要素	バラスト軌道⇨スラブ軌道	＋	とくに新幹線のスラブ化率は高い
	ショートレール⇨ロングレール	－	たとえば10～25m⇨100～1000m
	トンネル・橋梁の長大化	＋	特に新幹線で顕著
車両要素	開放窓⇒はめ殺し窓	－	1958年以降顕著
	車両の軽量化	＋	薄板鋼板やアルミ素材の採用
	遮音材の採用	－	車体の軽量化とほぼ同時進行
総合要素	スピードアップ	＋	列車速度の2乗～6乗に

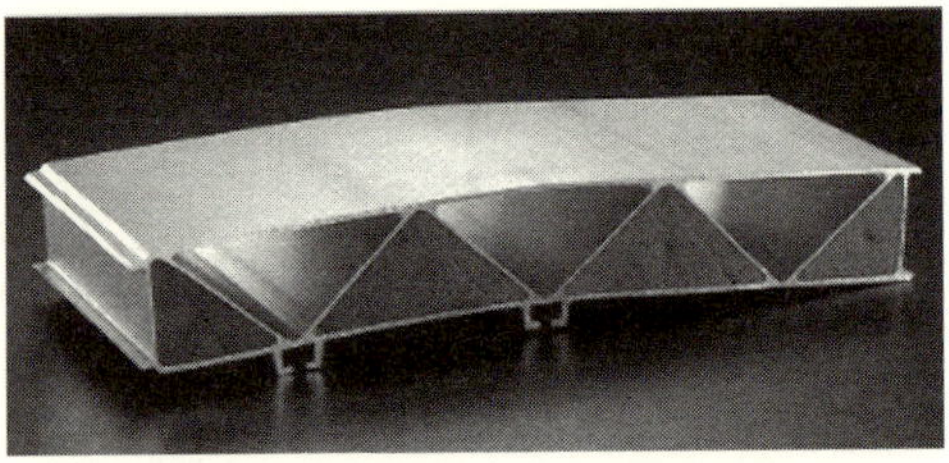

アルミ製ダブルスキンの断面（日本軽金属提供）

細かい対策の積み上げと合わせ技に頼るしかないが、ここで戦前、戦後、現在と鉄道技術の進歩によって生じる線路構造や車両構造の変遷が、車内騒音の増加・軽減にどう影響するか、大きな要因を挙げてみたい（表3－3）。

　このうち、日本では新幹線を基軸に近年のスピードアップは不可避であり、また大いなる福音であるから、これはこれからも所与の要因として置いておかねばならない。音源にもよるが、発生騒音は列車速度の二乗～六乗に比例するという厄介なものである。とくにパンタグラフなどの風切音は六乗に比例する。線路要素も車両要素も技術革新に依拠するもので、基本的に受け入れざるを得ない。

　個々の騒音源の封じ込めも大事であるが、車内騒音抑制に最も手っ取り早く、効果的な対策は、車体という箱の六面の遮音性を上げることである。できるだけがっちりした車体がよいのであるが、軽量化とのバランスも追求されなければならない。言うは易し、行うは難しである。

　車体を構成する六面体（床面＋二側面＋屋根面、＋二妻麺）すべてに共通するが、とくに面積が大きく客室に直接接する床面、二側面、天井面が焦点となる。遮音材としてアルミのダブルスキン材、空気層をより厚くしたガラスの二重窓など既に採用されつつあるが、その改良は今後も続くであろう。

第4章　車内設備の改善

——座席・照明・冷暖房・トイレ

1 まずは座席を何とかして欲しい

初期の列車は混んでいたうえに一人当たりの座席空間スペースも小さく、長旅は難行苦行であったと第1章で述べたが、座席の材質や構造も汽車旅行の快適度を大きく左右する要素である。しかしその割には、地味なテーマなのか、文献や資料が意外に少ない。何とか手元資料を読み合わせて歴史的脈略を辿ってみる。ここでも乗客が圧倒的に多くて重要な三等座席車に焦点を当てることにする。

板張りから布張りへ

一八七二（明治五）年の新橋〜横浜間の開通時に使われた客車は全部で五八両あり、上等の座席はクッションと肘掛け、中等は布張り、下等は板張の尻掛けと幅の狭い平角材で構成されていた。三等車座席の座り心地のひどさは想像のとおりで、一八七五年、横浜の渡井八太郎が木綿製の敷き蒲団の貸出を片道八厘で始めたところ、ちょっとは楽になり、この商売は大はやりとなった。

一八八八（明治二一）年にイギリスから輸入されたボギー車の下等客車は、尻乗せも背摺り（背もたれ）も木製であったが、背摺りの横木を倒せば、座る方向を転換できた点にささやかな新味があった。三等車の尻乗せは一八九二年からようやく布張りとなったが、まだバネは入っていない。

一九〇七（明治四〇）年の主要幹線国有化の翌年に鉄道院ができ、最初の基本型客車が製作された際は、一、二等車はロングシートで尻乗せも背摺りも布団張りであったが、三等車はクロスシートで尻乗せは布張り、背摺りは窓の高さまである木製であった。

一九二〇年代になってバネ、馬毛、椰子毛、ココアなど弾力のあるものを詰めた布張りが完成し、尻乗せに採用された。これにともない、間貸し蒲団業は衰退していった。

一九三三（昭和八）年の丸屋根スハ32から三等車の背摺りも布張りとなった。その後この基本構造が戦後までずっと続き、今でも近中距離の列車には踏襲されている。その間、長距離用特急列車には三等車といえどもその座席に大きな改良があった。

リクライニングシートの登場

現在の長距離鉄道旅行では、座席は進行方向へ前向きの、しかも大なり小なり背もたれを傾斜できるリクライニングシートが一般的で、若い世代だとこれしかイメージできないかもしれない。ここではひとつ、このような前向きシート、リクライニングシートの歴史を見てみよう。

リクライニングシートの起源は間違いなくアメリカである。前述したように、戦前のヨーロッパでは個室の中で二人ずつ、あるいは三人ずつが向かい合う、定員が四人ないし六人のコンパートメント方式が主流であったので、全員が前向きの座席はそもそも無理であるし、個室空間の中でのリクライニングシートも難しい。これに対してアメリカでは、一車両全体が

表4-1　各時代の車両と座席構造

時代	車両	座席構造	尻乗せ	背摺り
1872年	鉄道開通時２軸単車	横手方向向合	板張り	平角材
1888年	最初のボギー車	横手方向向合・転換式	板張り	木製
1908年	鉄道院基本客車	横手方向向合	布張り	木製
1933年	鉄道省基本客車	横手方向向合	布張り	布張り
1950年	国鉄特急用客車	横手方向進行向	布張り	布張り
1958年	国鉄特急用電車	横手方向進行向・リクライニング	布張り	布張り

空間で繋がった開放室方式であったので、廊下を挟んで左右両側に前向きのリクライニングシートを二人ずつ並べることはまったく容易である。実際、一九三〇年代のアメリカの特急列車にはこうした客車が陸続と登場している。

日本におけるリクライニングシートの導入

一方、日本の客車は戦前からアメリカ流の開放室方式であったので、リクライニングシートの設置は物理的には可能であったが、実現しなかった。

まず二等車（現在のグリーン車に該当）ではゆったりはしていたが、二人ずつ向かい合うクロスシートが主流で、ゆったりとしたリクライニングシートはちょっと贅沢すぎるという判断があったようである。他方、三等車（現在の普通車に該当）ではちょっぴり窮屈な一人ずつ向かい合うクロスシートが主流であったが、一部の特急列車に限り、固定式ではあるが、全部前向きの座席が導入された。その対象とされたのは、東京～下関間の特急「富士」用に一九二五（大正一四）年に新製されたスハ28400で、何とまだ二重屋根の木造客車時代であった。背もたれは傾斜できなかったが、前席の背面には折り畳み式の小卓があり、弁当や飲み物を置くことができたのであるから、鉄道省としては大英断であった。このレイアウトは戦後も東京～大阪間の特急列車「つばめ」と

アメリカの特急列車のリクライニングシート

「はと」に組み込まれたスハ44系に引き継がれた。

そして日本に正真正銘のリクライニングシートが導入されたのは、一九五〇（昭和二五）年に導入されたスロ60で、「特別二等車」あるいは「特ロ」という新造語をもって、まずは特急「つばめ」と「はと」に連結された。これは連合国軍総司令部（GHQ）指令によるものであった。少しだけ解説しておこう。

一九四七（昭和二二）年、GHQの中に新設された民間運輸局（CTS）の鉄道部は、国鉄の経営の実権を握るやいなや、無理難題を言うようになった。そのなかの一つが「国鉄の二等車は設備が貧弱で汚いから、アメリカのようにリクライニングシートを備えた座席車を造れ」という要求であった。当時の国鉄の予算枠は厳しかったので、そういう車両をまったくの新車として造ることはできず、木造客車の鋼体化の一環に組み入れることで、苦心の末一九五〇年にスロ60という日本初の「特別二等車」を製造することができた。ピンクに塗られた壁面にエンジ色の回転式リクライニングシートが設けられた「特ロ」はたちまち大変な人気を呼び、その後もいろいろな型式の特別二等車が造られることになった。

特別2等車のリクライニングシート（昭和25年）

このリクライニングシートの導入に際しては裏話がある。CTS鉄道部を牛耳っていたシャグノン中佐が、エージェントとして猪股という日本人を介して暗躍したという話である。当時リクライニングシートの特許を持っているカーベン社へ払うパテント料を彼らは割り増ししていたようであるし、製作は小糸製作所に独占させる代わりに、リベートを取ったと伝えられている。小糸製作所は、戦前は照明部品のメーカーで軍需に大きく依存していたから、戦後も国鉄からの照明器具、電機器具の受注を期待したが、戦争直後はそううまくも行かず、苦境に陥っていた。この時のリクライニングシートの独占受注は同社にとって干天の慈雨であったといえるであろう。

2 車内照明の変遷

蠟燭・ランプ時代

開業したばかりのイギリスやアメリカの鉄道では、列車の夜間照明には蠟燭《ろうそく》が使われていた。優等客車ではシャンデリアに多くの蠟燭を灯すので、結構な明るさとなりムーディーであったが、一般の客車に灯す数本の蠟燭はうらぶれていた。その後一九世紀中頃には客車の照明にも灯油ランプが使われるようになったので、一八七二（明治五）年に開通した日本の鉄道では蠟燭照明は使われなかったはずである。しかしランプと言っても、照度はまだまだ暗かった。『三四郎』に次のような記述がある。

もとから込み合った客車でもなかったのが、急に寂しくなった。日の暮れたせいかもしれない。

（右）車内ランプ照明　（左）JR西日本奈良線・稲荷駅のランプ小屋

> 駅夫が屋根をどしどし踏んで、上から灯のついたランプをさしこんでゆく。〈中略〉三、四人の乗客は暗いランプの下で、みんな寝ぼけた顔をしている。口をきいている者はだれもない。汽車だけがすさまじい音をたてて行く。三四郎は目を眠《つぶ》った。
>
> （夏目漱石『三四郎』）

これは日露戦争後の一九〇八（明治四一）年頃、東海道線上り列車が名古屋に近づく辺りの情景である。日暮れ時になると駅員が屋根上を歩き、油灯口からランプを差し込んで天井下に吊るしていたのである。主要駅には装着・装脱のできる設備と体制があり、どの路線でも夕暮れ時になると駅でランプを装着し、夜明け時に装脱した。なお、季節によって昼夜の割合は変動するので、同じ列車でも装着・装脱駅は変わった。

こうした駅には「ランプ小屋」と称される小型倉庫が付随していた。灯油といえど引火性は強いので、ランプ小屋は堅牢で耐火性に富む煉瓦造りであった。しかし明治末期から、車軸発電機による電気照明が普及すると「ランプ小屋」はしだいに不要となり、たとえば駅の増改築の機会などに取り壊されて急速に姿を消していった。

もう一つの問題は、昼間であってもトンネルに入った時にどうするかであった。短いトンネルなら真っ暗闇でも乗客に我慢してもらったが、一、二等車では燭台付きの蠟燭を灯すサービスを行うこともあったし、長いトンネル、たとえば北陸線の柳ヶ瀬トンネルや東海道線の山北トンネルなどでは、三等車でも入口駅と出口駅でランプの装着・装脱を行っていた。このようにランプ照明は単に暗いだけでなく、運営管理に意外に手間とコストがかかったのである。

ガス灯の導入

ランプに換えて考案されたのがガス灯で、イギリスでは一八七五年から、アメリカでも一八七八年から客車に導入された。明るさは蠟燭一五～一六本分で、灯油ランプの二倍であった。ガスは石油から蒸留され、圧縮してボンベに詰められて客車の床下に吊るされた。わが国でこのガス灯を導入したのは、何と四大私鉄の四番目の関西鉄道であった。同社はイギリスから輸入したガス製造装置を湊町駅構内に設置し、重油や不良油を蒸発させてピンチガスを発生させ、それを加圧して高圧ガスとしてタンクに貯蔵した。一方、所有する客車約二〇〇両の床下にガスタンクを装備した。湊町駅で高圧ガスをタンクに充塡し、そこからパイプで天井に導いて、ガラス製ガス灯を点灯する仕組みであった。

ピンチガスの照明

定員六名の一等室には八燭光のガス灯一個、三〇名の二等室には八燭光を三個、一〇〇名の三等車には八燭光四個を取り付けた。関西鉄道によれば、設備償却を入れても、一灯一時間当りの点灯総コストは、ランプで一銭四厘、電灯で一銭八厘〜二銭三厘かかるのに対して、このガス灯は一銭四厘と、電灯よりも安かった。しかも湊町駅で一回高圧ガスを充填すれば二五時間点灯できるので、運営管理も簡単であった。

余がピンチ瓦斯を点火せし列車に乗込みしは亀山より奈良に至る二等客車にして〈中略〉瓦斯《ガス》灯は従来ルーフランプのありし屋根の穴に其儘《そのまま》装置しありて燭光三個なりし其光力は極めて明るく、彼の電灯の如く列車は発着前後に薄暗くなる様なことなく室内何となく賑やかにして新聞雑誌は無論困難なく読む事が出来、先ず大体に於て他のライチングに優る様覚えたり。其後同会社に詣り汽車課長島安二郎氏に面会し氏の案内にて目下綱島駅に新造の一等客車に装置せし実況を見る事を得たり。〈中略〉此のピンチ瓦斯は独逸《ドイツ》のピンチ氏が発明にかかる専売特許にして同国は勿論《もちろん》欧州大陸、英国、北米合衆国にても盛んに使用し、既に幾多の経験を経たるものなれば総ての器械完全し居るとの事なり。
（『鉄道時報』）

電灯の採用

そして、鉄道車両の電灯は一八八一年にイギリスで初めて採用されて以来、欧米で急速な広がりを見せていた。何事につけても日本で最も先進的であった山陽鉄道は、車内照明への電灯の採用でも先陣を切った。

旅客列車に従来使用せる屋灯は火光充分ならず、旅客不便の一に数ふる所なるをもって、本会社は茲《ここ》に他に率先して代ふるに電灯をもってし、先覚の栄を荷《にな》はんことを期し、三〇年九月一〇日亦逓信《またていしん》大臣に稟請したり。不日認可を得て実行せば燦然《さんぜん》観を改むるものあらん。

（『山陽鉄道営業報告書』一八九七年九月）

同社は一八九七（明治三〇）年一一月に石油発動機→発電機を積んだ貨車を連結して客車の電灯を点灯するテストを始め、これがわが国の電灯車内照明の嚆矢《こうし》となったが、当時の石油発動機は故障が多かったので、これを蓄電池方式に転換したのであった。蓄電池を積んだ貨車一両を一列車に連結する方式で、一八九八年から着手して一九〇二年には三五両の蓄電車を保有するに至ったので、これで山陽鉄道の電灯照明は大きく普及したと考えられる。

その後一九〇七（明治四〇）年に主要幹線鉄道の国有化が断行され、ガス灯で先駆した関西鉄道も、電灯で先行した山陽鉄道も、日本鉄道、九州鉄道などとともに官鉄に併合されたわけであるが、それからの技術進歩と官鉄における試行錯誤の研究の結果、列車内照明は発電機と蓄電池を客車の床下に装備する方式の電灯に統一されていった。その途上にあった一九一五（大正四）年時点におけ

山陽鉄道の蓄電池車

る国鉄の車内照明種別比率は次のようである（表4－2）。

関西地区のガス灯比率が高いのは、ひとえに関西鉄道の遺産である。しかし二〇世紀に入り、欧米ではガス灯による列車爆発事故が何件か立て続けに起きてしまったこともあり、日本でもこの後、ガス灯は急速に電灯に置き換わっていった。この一九一五年には鉄道局内に「列車電灯所」が設置され、発電機、蓄電池、電灯、電線などを一元管理するようになった。

蛍光灯の出現

戦後の照明革命は蛍光灯の出現であった。終戦直後の一九四六（昭和二一）年、進駐軍の命令で新造した軍用一等寝台車に初めて蛍光灯が取り付けられた。その後はしばらく音沙汰がなかったが、一九五二年以降は優等車から重点的に蛍光灯が取り付けられていった。現在、鉄道車両の室内照明はほとんど蛍光灯になっている。

一般家庭で白熱電灯から蛍光灯に換えるのは、天井の取り付け装置を換えれば済むので簡単に行くが、鉄道車両で換えるときは簡単には行かない。蛍光灯は交流電流を使う必要があるが、それまでの客車の床下発電機はどれも直流発電機である。また架線から電気を取り入れる場合でも、当時の日本では直流一五〇〇ボルトが使われていたため、これを交流に変換しなければならなかった。日本で最初の蛍光灯は、一九五二年に増備された特別二等車スロ54の車内照明

表4-2　車内照明ごとの採用比率

地域	ランプ	ガス灯	電灯
全国	16%	23%	61%
神戸鉄道管理局内	8%	33%	59%
九州鉄道管理局内	43%	0%	57%

出典：『日本国有鉄道百年史』

に採用された。これは、床下発電機で得た二四ボルトの直流をインバーターで一〇五ボルトの交流に変換して電源とした。

時代を下って、家庭では電球のLED化が一九九五年頃、蛍光灯のLED化は二〇〇〇年代に始まった。通勤電車でも二〇一〇年ごろからLEDの本格採用が始まり、阪急電鉄、山手線、銀座線などがパイオニアであったが、LED照明が急速に普及したのは、東日本大震災の影響によって節電意識が高まった二〇一一年以降である。新造車両だけでなく、既存車両の照明取り替えも進展した。LED照明の消費電力は従来の蛍光灯の五〇パーセント程度で、寿命も蛍光灯の約一万時間が四倍となった。

個人的な感想で恐縮であるが、首都圏ほかの通勤電車の照明で大変気になることがある。蛍光灯なり、LED灯が天井にむき出しで付いているのを見ると、筆者などは戦争直後に見た戦時設計の63系電車を思い出す。車内の天井板は何も張らず、屋根裏板と梁《はり》がむき出しの所に裸電球がぶら下がっているのを見て、子供心にも「ああこれが敗戦国の現実だ」と感じた悲しい記憶がある。

現今のLED蛍光灯のむき出しは次元の全く異なる光景ではあるが、欧米人なら絶対にやらないことである。彼らは照明は大なり小なり装飾的にカバーを付けるか、間接照明にする。それにギラギラと眩しいくらいの照度を好まない。欧米人が偉いというつもりはないが、その点、関西の私鉄ではアクリルのカバーを付けたり、間接照明を積極的に取り入れるなどの工夫が見られる（最近は可燃物のアクリルは不適当であるとも聞くが）。関西私鉄を見習って、もう少し照明を大事にしてくれればと思う。

3 列車の暖房導入は早かった

蒸気暖房の開始

イギリスの冬は日本より冷え込みが厳しいが、初期の列車には暖房は一切なく、辛うじて駅で湯タンポと毛布を借りることで寒さを凌いでいた。日本でも初期の下等客車には暖房設備はなく、上・中等車にのみ温脚器という湯タンポが付いていた。アメリカでは、ボギー車の両端に薪・石炭・石油などを焚《た》くストーブが置かれるのが普通であった。今、北海道や東北の寒冷地では、観光目的も兼ねて石炭ストーブが設置されているのと同じ方式である。

次のステップは蒸気暖房である。列車を牽《ひ》く蒸気機関車には、もともとピストンを動かす動力用の蒸気が発生しているので、この蒸気の一部をそのまま客車に供給すればよいということで、蒸気暖房は比較的早期に始まった。最初は機関車で発生する蒸気の一部を四〜五気圧の高圧でパイプに通して列車に供給する、高圧蒸気暖房方式から始まった。各客車で大気圧まで減圧して使う常圧蒸気暖房方式になってからは温度のバラツキは減ったが、本当の意味での温度調節は不十分であった。何分、先頭のSLから長編成の列車へ蒸気を送り込むのであるから、暖房効果は時間が経たないと出てこないし、先頭客車は暑すぎるのに後部客車はまだ寒いという傾向は避け難かった。

日本では一九〇〇（明治三三）年になってSLからの蒸気暖房が始まるが、当座は東海道線の急行列車と夜間直行列車のみで、その他の列車ではまだしばらく湯タンポが続く。それでも蒸気暖房はしだいに普及していった。

暖房車から電気暖房へ

蒸気機関車がディーゼル機関車や電気機関車に置き換わってくると、暖房用蒸気の発生源が失われる。このため、機関車のすぐ後ろに蒸気を発生させる暖房専用車をわざわざ連結する方法が取られた。

暖房車の車長は短いが、石炭と水を搭載するため自重は四〇トンとなる。これは客車一両分の重さとなる。一方で、ディーゼル機関車や電気機関車自体が蒸気発生装置（ＳＧ）を内蔵する方法もある。電気機関車ではＥＦ56が初めてこれを積み、ようやく暖房車を省くことができた。それでも重油と水も搭載するので、同じ動力性能のＥＦ53より一〇トン重かった。

戦後、幹線電化が進むにつれて、せっかく架線電源があるのに蒸気暖房を採用するのは不合理・非効率ということで、室内の座席下に電気ヒーターを置く電気暖房に切り替わっていく。一九五八（昭和三三）年に登場した電車特急「こだま」あたりが節目となり、電車（ＥＣ）編成のみならず、電気機関車（ＥＬ）牽引の客車編成、ディーゼルカー（ＤＣ）編成……などすべての列車の暖房は、すべて電気暖房に代わっていった。

暖房専用車

4 冷房は贅沢な代物

最初は氷を積んでいた

戦前は冷房からは縁遠い世界であった。アメリカでは一八八四年、大きな氷を入れたアイスボックスを先頭客車の屋根上に置き、アイスボックスを通った風を客室内に送ろうとしたが、大した効き目はなかった。それでも、これに似た方式はエジプトで実用に供されている。ヨーロッパの寝台会社ワゴン・リ社が、カイロ〜ルクソール間の豪華観光列車の食堂車一〇両に採用したもので、天井に氷を積み、冷えた空気を室内に下降させるという原始的な仕組みであった。

当時、すでに現在のクーラーのメカニズムは把握されてはいたが、当時の技術ではとんでもなく大きな装置にならざるを得なかった。そこで、この大型冷房装置を列車に積まないものの、出発前に駅やヤードで稼動させて、あらかじめ客室内を冷やすことが試みられた。しかし、時間と手間とコストがかかるわりに冷房効果は薄かった。また、一九〇七年にはウィリス・キャリアなる人物が、駅のプラットフォームの下に作った冷気を溜めておき、到着した列車にホースを通してそ

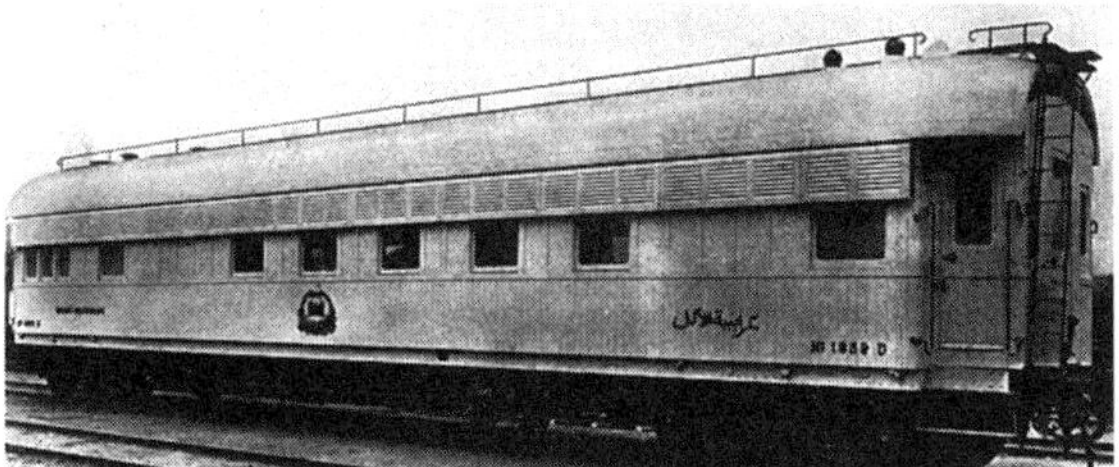

エジプトの氷冷房車

の冷気を送ればよいと提案したが、どの鉄道会社にも採用されなかった。

クーラーの搭載

一九二〇年代になると、アメリカでは大劇場やホテルや百貨店の一部にクーラーが設置されはじめたし、日本でも一九三〇年代にはちらほらと入りはじめたが、冷房はまだまだ高嶺の花であった。その後、クーラーやエアコン装置が小型化されてくると、何事にも進取の気性のあったボルティモア・アンド・オハイオ鉄道（B&O）はキャリア社にコンタクトし、列車搭載エアコンを必死に検討しはじめた。そして一九三一年五月、世界で初めて列車のエアコンディショニングが実現した。この新しい装置は、同鉄道のワシントン〜ニューヨーク（厳密にはジャージー・シティー）間の特急「マルサ・ワシントン」と「コロンビアン」に設置された。

当時の宣伝ポスターを見ると、車内で向かい合って腰掛ける正装の男女は涼し気であるが、ホームでは下車した紳士も、出迎えの紳士も上着を脱いで汗を拭い、荷物を持たせた赤帽も暑そうにしている。気温は、車外が華氏九〇度（摂氏三二度）であるのに対し、車内は七五度（摂氏二四度）を指している。ポスターにいわく「最新式の劇場の如く、全車両エアコンディショニングされた列車が

アメリカで登場した世界初の冷房客車のポスター

世界で初めて登場。涼しいうえに湿度も適度に調節し、埃、煙、塵はフィルターで漉《こ》されて室内には入りません。冬も同様に暖かいだけでなく、湿度調整と空気清浄を行います。窓を締め切っているため、室内は静かです」。

蒸気噴射方式と冷媒方式

当時、冷房技術の原理は二つあった。一つはこのB&O鉄道が採用した「蒸気噴射方式」で、冷凍機内に入れた水を、蒸気放射器で誘引して水面の圧力を下げ、水の蒸発を盛んにして水温を下げる方式である。もう一つはウェスティングハウス社（WH）やジェネラル・エレクトリック社（GE）などが工業化した「ガス冷媒方式」で、フレオンなどの冷媒を圧縮して冷却液化し、次に蒸発器で膨張気化させて空気を冷やす方式である。

その後は徐々に「冷媒方式」が優勢になっていったようである。いずれにせよ、アメリカでは以降新造される優等車両にはエアコンが装備されるようになったので、一九三五年には全米の客車の一〇パーセントがエアコンを設置し、とくに豪華車両を抱えるプルマン社では全車両の二〇パーセント以上の二三〇〇両がエアコンを完備した。

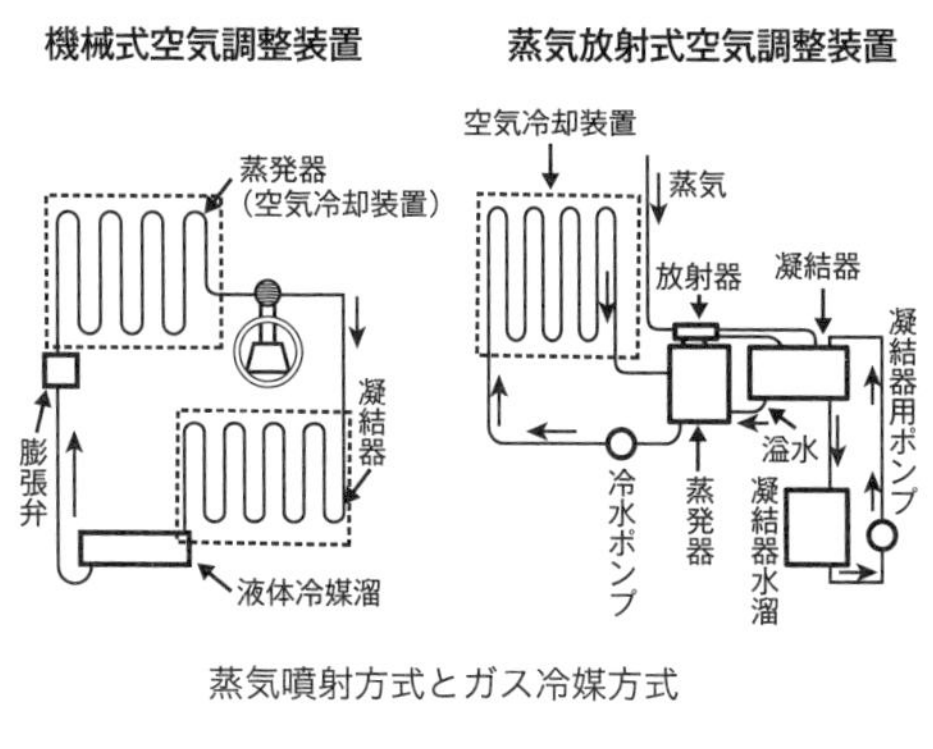

蒸気噴射方式とガス冷媒方式

日本における冷房の導入

ところが、戦前のヨーロッパや日本では、列車のエアコンの装備はほとんど実現しなかった。ヨーロッパでは列車へのエアコン装着はずっと遅く、一九五〇年にマドリード〜イルン間を走ったタルゴ編成が嚆矢であるといわれている。日本で特筆大書できるのは満鉄の特急「あじあ」号で、列車全体がエアコンディショニングされていた。「あじあ」号について詳しくは後述するが、当時満鉄の技術課長をしていた市原善衛が冷房導入のために欧米出張を命ぜられている。

昭和八年（一九三三年）七月二十日、大連と新京との間に各車両に、空気調整装置を設備した特別急行列車を四個列車建造することになった。〈中略〉その当時、私は満鉄鉄道部の車両設計の主任技師であったが、八月二十五日付で「急行列車用客車の構造および空気調整装置の調査研究のためアメリカへ出張を命ず」という辞令を受けとった。その際、特に八田嘉明副総裁から「世界一の列車を設計してもらいたい。ついては現在アメリカ、ヨーロッパ各国運行している列車をよく調べ、それ以上優秀豪華な列車を設計製作するよう心得てもらいたい」と望まれた。

（市原善積『満鉄特急あじあ号』原書房）

市原は、当時アメリカにおいて実績のあるキャリア社（代理店は三井物産）、ウェスティングハウス社（代理店は三菱商事）、GE社、プルマン社の四社に当たって「あじあ」号計画を説明し、エアコンシステムの入札に応札するよう依頼した。これはキャリア社を担ぐ三井物産と、ウェスティングハウス社を担ぐ三菱商事の代理競争の様相もあった。結局、キャリア社とウェスティングハウス社の争いとなり、前者が選ばれた。キャリア社の方式は水を冷媒とした「蒸気噴射方式」、他三社は「ガス冷媒方式」であった。

日本国内でも、一九三六（昭和一一）年に特急「燕」の新製食堂車に車軸駆動の「ガス冷媒方式」が採用された。車体の壁と天井には三センチ厚のフェルトを張り、床は二重にして断熱材を詰め、二重窓が用いられた。発電機、圧縮機、制御装置などのトラブルがよく発生したが、徐々に改善された。さらに一九四〇年のオリンピック東京誘致が決まった時、鉄道省は国産技術で冷房を取り付ける方向に固まりつつあったが、戦争の暗雲でオリンピックは中止となり、この冷房試験も一九四〇年で中断した。私鉄では、南海電鉄が一九三六年から八両の電車に冷房装置を取り付けている。しかしすぐに戦時となり、すべて一九四〇年までには撤去されてしまった。

戦後になって進んだ冷房化

日本で鉄道車両の冷房化が動き出すのは戦後になってからで、GHQの命令により連合国軍専用列車五両が一九四六年に冷房化された。ただし、冷房化が本格的に進むのは一九五七（昭和三二）年からである。

それまでは冷房電源用の電力を、非力な車軸駆動で客車床下にある発電機を廻して得ようとしていたが、これでは出力が足りなかった。日本の冷房化は、強力なディーゼル・エンジン駆動方式の発電機に改められてようやく冷房化が軌道に乗ったのである。同年末の冷房化車両は一等展望車、二等寝台車、食堂車など計七五両に達している。

この頃、アメリカの鉄道はモータリゼーションの発達により斜陽化しつつあったが、冷房化は大いに進み、一九六〇年頃には全米の客車の三分の二にあたる一万六〇〇〇両が冷房化を済ませている。ヨーロッパでは、戦後デビューした豪華特急列車から冷房化されはじめた。

話を日本に戻すと、日本における冷房化は一九五八（昭和三三）年が大きなエポックとなった。電車特急「こだま」や寝台特急「あさかぜ」に代表される、冷暖房空調完備、はめ殺し窓の一貫した固定編成の電車や列車が登場した年である。以来、在来線ではL特急を筆頭に、また一九六四年に開業した新幹線の車両は例外なく冷房化されていった。結果、現在では長距離列車はもとより、近距離列車、通勤列車、地下鉄、路面電車、バス、タクシーに至るまでわが国はすっかり冷房王国となった。とはいえ、ここに至るまでの道のりは短くはない。たとえば一九七二年にはこんな記事があった。

「冷房列車ふやす」〝国鉄賃上げ〟にちょっぴりお返し／でも涼しい通勤は〝夢〟——「この夏冷房つきの列車がふえます」と二十日、国鉄が発表した。運賃値上げをひかえるうえ、事故連発で、乗客からみればこのところいいところがない国鉄の、せめてものごあいさつといったところ。東京の国電・中央線にも冷房つきが登場するが、数はちょっぴり。ラッシュ時だと一時間に一本走る程度、だという。国鉄の列車で、すべて冷房つきになっていたのは新幹線を含めて特急だけ。急行列車になると昨年夏は全車両の四七・七％しか冷房装置がなかった。国鉄の説明だと、この夏はそれが五六％になる。〈中略〉国鉄では四十九年度までに、ほとんどの急行用車両と、五十四年度までに大阪を含めて約五千両の国電のうち、三千三百両を冷房化したいと云っている。「涼しい通勤」は、まだまだ先のことになりそうだ。

（「朝日新聞」一九七二年五月二一日付）

一九七二（昭和四七）年の時点では、長距離列車の過半と通勤列車のごく一部だけが冷房化をされた状態で、その後十年ほどで国鉄のほぼ全車両が冷房化されたのである。なお、冷房方式は、今や「あじあ」号に採用された蒸気噴射式はすっかり淘汰されてガス冷媒式になり、一方、エアコンの動力源は、車軸式からディーゼル・エンジンやモーターに切り替わっている。

5 トイレは食事以上に我慢できない

列車にトイレがなかった頃

今やトイレは不可欠な列車設備であるが、鉄道開通当時からあったわけではなく、しばらくは出発駅で用を済ませておくか、あるいは停車駅ですばやく済ませるか、目的地まで我慢するしかなかった。

汽車乗客の不快不便――新橋より五六時間を過ぎ、静岡、焼津もしくは藤枝の辺りに来れば大抵皆便意を催すを通例とす。然《しか》るに右各所の停車場中には便所の所在甚だ近からずして、しかも数少なき所あり、その上停車時間はわずか二三分に過ぎざれば、その間に首尾よく溲便して車中に戻り来らんこと容易ならぬ困難事なり。されば所によりては便所はあたかも戦場の如く、老人は壮年に先んぜられ、弱者は強者に押しのけらるるなど、その混雑は殆《ほと》んど名状すべからざるものあり。かくして辛々《からがら》用を便じて乗場に馳せ戻り見れば、列車はなお留まりおれども、車の戸はすでに鎖して随意に開くを能《あた》わず、駅夫を呼べどあいにくその近傍に居合わせず、とかくするうち、汽車はゴトゴト運転を始めて、汽笛一斉たちまち影も見えずなり。空しくその駅に残さるる今俊寛、現に数名あるを見受けたり。

（「神戸又新日報」一八八九年五月一日付）

尿意・便意を催した乗客が途中駅のトイレに殺到、かろうじて用を足してホームに戻ったはいいが、列車は停車していたものの、戸はすでに閉まっていた。やがて列車は出発し、数名が取り残されるケースもよくあったということである。今日では全く想像すらできない光景である。

フランスでは、一八九六年に客車の改善について「交通委員会」が設置された。そこで早速緊急な課題として掲げられたのは、トイレを付けること／廊下を付けること／食堂車を連結すること／

途中駅での用足し（ジョルジュ・ビゴー画）

ブレーキ、暖房、照明の改善／ボギー車の採用であった。客車内のトイレの設置は最大急務であったのである。ちなみに、約四〇年後の一九三七年、フランスで民有鉄道が国鉄（ＳＮＣＦ）へ統合された時ですら、トイレも廊下も付いていない客車が多数引き継がれている。

イギリスで初めて列車トイレが設置されたのは一八七〇年で、ようやく一等車用客車に共用トイレが設置された（客車に廊下がなかったため、二つのコンパートメントで共用した。車両端部にトイレが設置されたのは一八八二年から）。じつに鉄道開通から四〇年後である。

日本最初の列車トイレ

トイレを我慢させられるだけでなく、罰金を科せられた気の毒な乗客もいた。一八七三（明治六）年、新吉原・江戸町に住む荒物屋の増沢政吉は新橋駅に行き、午後三時発の横浜行き列車に飛び乗った。ところが途中でどうしても小便がしたくなり、我慢できずに、汽車の窓から放尿してしまった。運悪く鉄道員に見つかってしまい、金十円の大枚を罰金として払わされたのである。翌一八七四年一月には小石川造兵司ルホン方雇われ人・斉藤仙吉も、新橋駅構内で放尿したかどで罰金二円五十銭を課せられた。女性とて我慢できなくなったケースはいくらもあったが、薄暗い車内の片隅で用を足した場合は、お咎めはなかったようである。

ここまでは笑い話で済むが、次はそうは行かない。東海道線が全通した一八八九（明治二二）年、宮内庁御料局長官・肥田浜五郎が静岡駅で用便のために下車していたが、汽車が発車するというので慌てて飛び乗ろうとしたところ、デッキから落ちて轢死してしまった。この事件が契機となって客車へのトイレ設置が急がれるようになった。フランスでは裁判長の個室内での殺害を機に個室構造が問題となり、日本では高級官僚が犠牲になってトイレ問題に火が付くなど、偉い人の災難が大きな契機となる点は共通である。

日本で最初の列車トイレは一八八七（明治二〇）年に山陽鉄道の一、二等車のごく一部に設置された。官鉄では、一八八九年に東海道線の全通を機にトイレの取り付けが始まっている。しかし、列車にトイレが設けられて以降も、駅で用便する習慣がついてしまった人たちは、列車トイレを使わず、停車駅のトイレに殺到したというから、困ったものである。この頃の列車トイレは単に自然落下の垂れ落とし式であったが、十年もすると屋根上に給水タンクを設けて、水洗垂れ流し方式に代わっていった。しかしこれでは水流も弱く、屋根上タンクへの給水も大変であった。そのため、一九二九（昭和四）年からの空気ブレーキの導入を機に、給水タンクは床下に移され、圧縮空気を用いて揚水する仕組みに改良された。戦前戦後は、これが国鉄のトイレの主流であった。

戦後落ち着きが戻り、日本人の衛生概念も向上してくると、線路上や線路脇地帯の黄害《こうがい》問題があらためてクローズアップされた。列車から垂れ流された糞便は、走行中とて雲散霧消するわけはなく、そのまま線路上に放出されるのであるから、長距離列車が走ったあとはひどいありさまである。最も甚大な被害を受けたのは保線作業員で、とくにトンネル内では逃げ場がなく、まともに黄害を食らうこともしばしばであった。

東京駅や上野駅のような終着駅の線路上もまた凄惨な現場であった。ほんの数十年前は、トイレットペーパーと糞尿がホームの真ん前に落ちているのは珍しい光景ではなかったのである。たとえば東北線の上り夜行列車の場合、乗客たちは大宮を過ぎる頃から洗面と用足しを始める。やがて車掌が「赤羽から先は市街地を通りますので、トイレのご使用はご遠慮願います」とアナウンスする。車掌のアナウンスに従った人たちは、列車が上野駅に着くや否や列車トイレに並んで用を足すわけで、先の凄惨な光景が作り出されるのである。

水洗垂れ流し方式から循環式汚物処理方式へ

水洗垂れ流し方式への対応措置は、一九五八（昭和三三）年のこだま型特急電車のデビューとともに始まった。「タンク式」と「粉砕式」の二案あり、それぞれ比較実験された。「タンク式」とは、水洗した汚物を垂れ流さず取りあえずタンクに貯めておく方式である。構造は単純であるが、タンクが満杯になってしまうリスクがあった。

「粉砕式」では、用便後にペダルを踏むと洗浄水と処理液が流れ、電動粉砕機（ミキサー）にかけて泥水状になった汚物を一時床下タンクに貯蔵し、脱臭・殺菌したのち、徐々に車外に放出して行く方式であった。一時これが列車トイレの本命と位置づけられ、在来線の特急電車、急行電車、中距離電車、客車に広く取り付けられた。ところが乗客による異物の投入（空き瓶、空き缶、おむつ等）、ペダルの不使用があったりすると、複雑なシステムなので、モーターの故障やパイプ詰まりなどのトラブルが起きた。そして依然として二日程度で抜き取りの必要があった。

一方、一九六四（昭和三九）年にデビューした新幹線は、在来線と比して格段に高速で走行するので、垂れ流しは厳禁であった。そこで床下タンクの容量を在来線車両より大きくして、まずは無

表4-3　鉄道車両内トイレの処理方式の変遷

大別	方式	出現時期	備考
地上放出式	自然垂れ流し式	1890年頃	汚物をそのまま垂れ流す
	水洗垂れ流し式	1920年頃	汚物を水洗しながら垂れ流す
	粉砕式	1960年頃	粉砕・脱臭・殺菌後落下させる
貯蔵抜取式	タンク式	1965年頃	水洗汚物を溜めた後抜き取る
	循環式	1970年頃	脱臭・殺菌した汚物を溜めた後抜き取る
	真空式	1990年頃	脱臭・殺菌した汚物を吸引して溜めた後抜き取る

難で安全なタンク式で出発した。先端を行く新幹線のほうがトイレの仕組みは原始的であったわけで、東京〜新大阪一往復でタンクは満杯になり、車両基地で毎日抜き取る必要があった。

この問題を解決するために登場したのが「循環式汚物処理装置」である。便は脱臭・消毒液を混ぜた青色の洗浄液で流し、用便後は洗浄水を汚物から分離して、反復循環して使うシステムである。タンクに溜まるのは汚物分だけとなるから、抜き取り頻度は当然下がる。この方式は一昔前の飛行機で見られたものと同じである。なお、一九八七（昭和六二）年の国鉄の民営化時、トイレ付き車両のうち、循環式は七五パーセントにとどまり、水洗垂れ流し式はまだ二五パーセント残っていた。

そして一九九〇年代に入ると「真空式」が登場した。汚物を真空で吸引してタンクに収めるもので、洗浄水は便器を洗浄するだけの量で済む。コストはやや高いが、これだと汚物タンクもずっとコンパクトにできるし、処理も簡単である。今、飛行機で見られるものと同じである。以上を整理すると表4－3のようになる。

なお、列車のトイレはこのように構造的、機能的には大きな進歩を遂げたが、トイレのスペースの拡大、便器や内装の進歩、臭気抜き、消臭剤など、単に排泄の急務に応えるだけでなく、気分よく排泄できるようになったことも看過してはならないであろう。

列車用トイレは下水に直結する家庭用トイレと異なり、限られたスペース内で完結しなければならないので、国鉄・JR側はその問題の解決に苦心してきた。しかし、粉砕式までは結局垂れ流し方式であって、黄害時代は一八七二年から約一世紀続いたのである。それが解決できたのは新幹線開通以降で、タンク式・循環式・真空式が実用化されて広く普及してからまだ二〇～三〇年しか経っていないのである。

『トイレット部長』

ところで列車のトイレというと、避けて通れない逸話がある。『トイレット部長』という小説である。一九六一（昭和三六）年に映画化されているので、年配の方はご記憶にあると思う。著者の藤島茂（一九一七～七三）は東

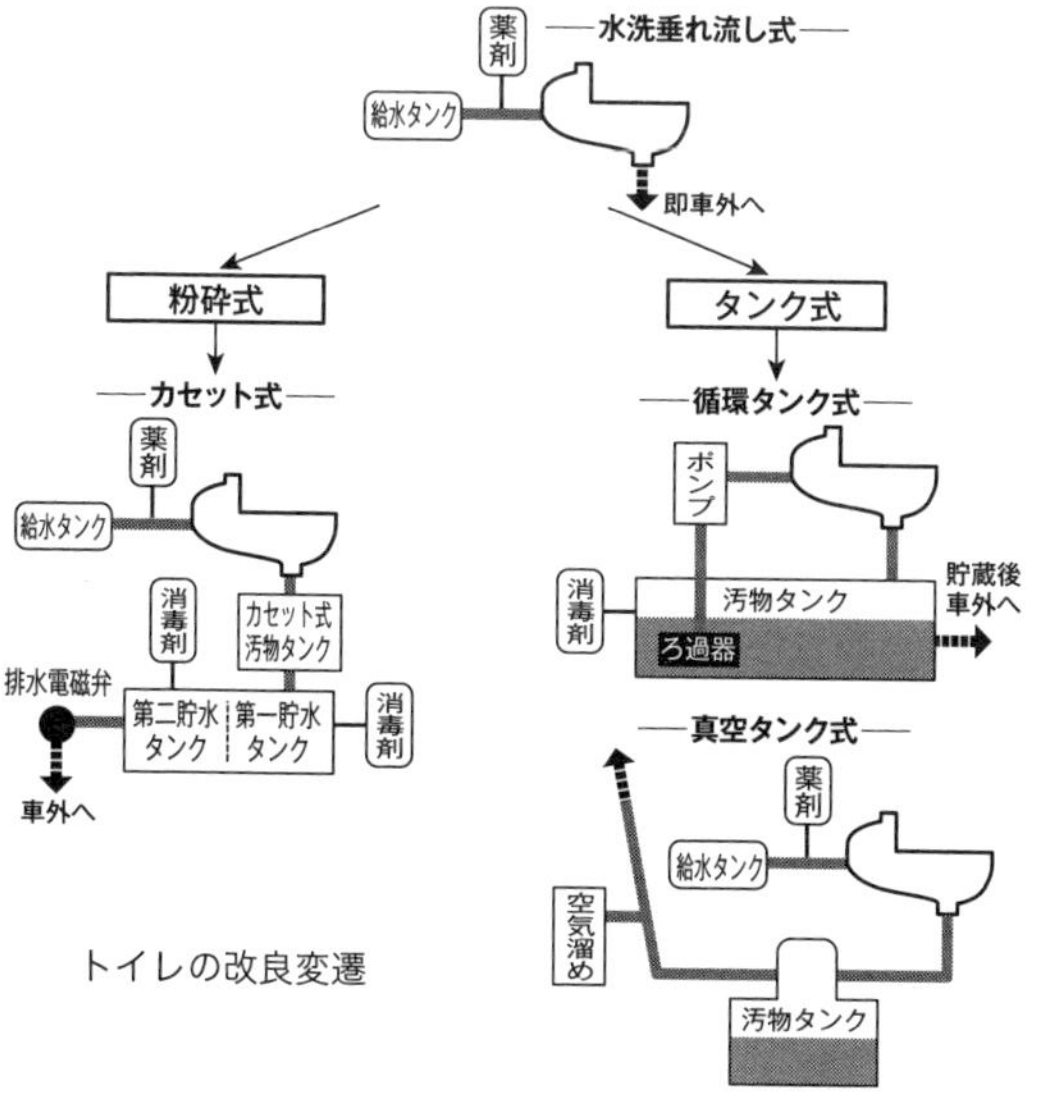

トイレの改良変遷

京帝大工学部建築学科卒のれっきとした国鉄の幹部職員である。藤島は戦前、課長補佐時代に設計営繕を担当していた。その頃は駅や列車のトイレは数が少なく、そのうえ汚くてよく故障していたことに藤島はショックを受けた。その後の業務は特段トイレと関わりはなかったが、トイレの問題が頭の片隅にこびりついていたらしい。一九六一年に列車や駅内トイレを扱った随筆『トイレット部長』を刊行するや、たちまちベストセラーとなった。ストーリーをかいつまむと次のようになる。

国鉄勤務の主人公・笠島は、戦後間もない頃に地方勤務で鉄道トイレの惨状を目の辺りにした。満員列車で列車内のトイレが足りず、そのうえかなりの数が故障していた。一方、駅のトイレは近所の公衆便所も兼ねていたのでいつもごった返し、こちらもよく故障していた。おまけにトイレの外壁は剝がされて薪代わりにされていた。

やがて笠島は本社に戻り営繕課長になるが、担当業務の中でも、列車や駅舎のトイレの改善は急務として頭痛の種であった。全国に四五〇〇以上もある駅には、最低一つはトイレが必要である、と。そんな悩みを家でも口にする夫の仕事を、妻は実質的にはトイレの掃除係りのようなものなのだと想像し、恥ずかしくてたまらず、笠島は笠島で、苦労を察しない妻の無知を嘆いていた。一方、職場の営繕課では、新しい便器の検討などがよく行われるが、どうも部下たちはトイレの仕事に熱心になれないらしい。笠島は部下たちに、こういう仕事に最初から向いている人間なんていないけれど、黙々とやってゆくうちに慣れてくるのだ、と言って聞かせるのであった。

6 列車の補助回路と電源車

私たちは日頃ほとんど意識しないものの、思い返すと戦後の家電機器の進歩発展は目覚ましい。戦前の電化製品といえば電灯、アイロン程度であったのが、戦後は「三種の神器」ブーム（電気洗濯機、電気冷蔵庫、テレビ）から始まり、その後の質量の拡充（質ではIT化、量では掃除機、エアコン、電子レンジ、パソコン、薄型テレビ、大型冷蔵庫……）があって、今や多くの家電製品に囲まれているし、それは消費電力の増大を伴っている。

列車の乗客サービスで使う電気製品としては、戦前は車内電灯、扇風機程度であった。しかし戦後この方、電気暖房および冷房（合わさってエアコンとなった）、そのほか車内照明の拡充、広報・広告画面、戦前よりずっと増えたドアの開閉などによって、列車内の電力消費量は著しく増大している。

補助回路が必要

家庭の場合、電力メーターの容量アップこそあれ、電源は旧来同様五〇サイクルか六〇サイクルの単相交流一〇〇ボルトの電流を使い続ければよいので、この点で主婦は何も意識しない（家電製品で小型三相交流モーターを内蔵するものも多いが、それは設計上、家電製品側が自分で勝手に対応してくれている）。

ところが、列車の場合、事情が大きく異なってくる。電車の場合は架線から電流を取り入れているのだから、その電気をそのまま使えば問題なかろうと思われている方もおられるかもしれないが、そうではないのである。モーターを動かす高圧電流の回路を「主回路」といい、乗客サービス用低圧電流の回路を「補助回路」といい、別電源が用意されなければならないのである。

戦前のように車内照明程度の電力供給であれば「補助回路」は簡単で、たいてい車軸発電機で賄えた。これは台車か床下に取り付けられ、車軸の回転をベルト、ギア、ジョイントなどを介して利用した。なお、車軸の回転は走行・停車・駐車などと不規則なので、それを均一安定させるために、床下に取り付けられた蓄電池とペアになっていた。しかし、エアコンをはじめとして大容量の電力を喰う最近の「補助回路」はちょっと複雑である。

電源車からインバーター装置へ

とにかくもう車軸発電では対応できなくなったので、新たに発電機を設けて発電するしかなくなった。電車では電動発電機、ディーゼルカーではディーゼル発電機が新たに取り付けられて、そこで発電される電力の電流は三相交流、電圧は四〇〇～四四〇ボルトであった。ただし、電気機関車やディーゼル機関車が牽引する長大な客車編成の列車（たとえばブルートレイン）では客車ごとの発電より、客車一両を丸ごと「電源車」に充当して、編成全体への発電と給電を行った。これにはディーゼル・エンジンを積んでの発電方式も、パンタグラフを上げて架線から電気を採り入れての電動発電方式もあった。

しかし電気工学技術の革新は目覚ましく、電車の場合、架線からの直流電流であれ、単相交流電

電源車

流であれ、それを取り入れて三相交流に変換するインバーター装置ができた。そうなると、わざわざ電動発電機を廻して電力を得るシステム（ＭＧ）は廃れ、変流・変圧を静かに行う静止型変換機（ＳＩＶ）の時代へと移行した。主回路における抵抗器・直流モーターからＶＶＦ・三相交流モーターへの転換と期を一にするもので、その核心はＩＴ技術によるものである。こうした主回路ならびに補助回路の転換は、日本では大体一九九〇年あたりに起こっている。

第5章 等級制の変遷

――三等級制から等級制廃止、そして現在

1 列車等級制の歴史

海外の列車等級事情

どこの国でも、鉄道開通以来、客車はいくつかの等級に分かれていた。一八三〇年にイギリスで開通したリヴァプール・アンド・マンチェスター鉄道は、一等、二等、三等という三等級制で運用されたので、他の鉄道もそれを踏襲した。そのなかで三等車は際立って冷遇されており、夜間だけ運転されたり、貨物列車にのみ併結されたり、鉄道によっては三等車の運行そのものがまったくなかったりした。

こうした三等車への処遇に大い腐心したのが、大英帝国の首相を四度も務めたウィリアム・グラッドストーン（一八〇九〜九八）で、庶民の側に立って三等車の改善に努力した。「どの鉄道も最低一日一便は三等車も走らせること、その運賃を安くすること、三等車にも屋根を付けること」など最低限の規制を行っている。

大衆の所得が向上するにつれ、イギリスでは三等車の利用客がどんどん増えていった。需要が増えると、ひどかった三等車の設備と待遇がとみに改善されてくる。そうなると一等車と三等車にサンドイッチ

イギリス初の鉄道開業時の１等客車(右)と３等客車

された二等車の存在意義が薄れるわけで、一八七〇年にはミッドランド鉄道が思い切って二等車を廃止して一等と三等だけの二等級制に移行し、他の鉄道会社もこれに追随した。

ヨーロッパ大陸のほうでは、最初は何と一等から四等までの四等級制から出発し、フランスでは一九世紀の後半まで四等車が存在していた。やがて三等級制になったフランスが二等級制になるのはずっと下って一九五六年のことである。

アメリカは民主主義・平等主義の下、人の階級も客車の等級も設けないという建前であったから、鉄道開業当初は等級なしのモノクラスから出発している。しかし、一八六七年にプルマン社が豪華寝台車を投入すると、状況が変わった。プルマンカーに乗るにはプルマン料金が必要で、その寝台車も究極五段階にも分かれていたからである。実質的には、アメリカこそ最も多等級の国だったといえる。

一方、社会主義を標榜したソ連では、一等、二等といった等級用語は即階級用語としてタブー視された。このため「軟席車」と「硬席車」と呼ばれたが、それはグリーンと普通車の区別に他ならない。おまけにシベリア鉄道では「インターナショナル」と称して豪華寝台車を連結したので、実質三等級制であった。「インターナショナル」は原則外国人用で、外貨を稼ぐための車両であるから、社会主義に矛盾しないという論法なのであろう。

日本の列車等級事始め

日本の場合、開業時はイギリスを手本として三等級制から出発した。その時使われた客車はイギリス製の二軸単車で車体サイズは同じであったが、上等は一八人、中等二四人、下等四八人の定員であり、スペース面での三等級制の塩梅が見てとれる。このことをまさに立証する貴重な文献を発見したのでぜひご紹介したい。一八七八年に中等車に乗った人が上等車、中等車、下等車のレイアウトの違いを絵図入りで説明しているのである。今となっては貴重な史料である。

> 自分が初めて京浜間の蒸汽車に乗ったのは明治十一年であるが、開業以来未だ何等の改正もなかった様であった。其頃の中等車は今日の東京の小形市電の型であって、左右の腰掛には小幅の畳をはめ定員は二十四人位、上等車は中央に通路を存して三室に分ち各室六人の羅紗《ラシャ》張の座席あり、上中等車共昇降は自由であったが、下等車は、定員約四十八人、今日の隅田川汽船の座席に似て、木製に過ぎなかったのみでなく車室両側に二箇所宛の出入口を設け発着の際駅員が片側二個所の戸を外より鍵を以て、開閉したものであった。当時の下等乗客に対しては危険防止上必要であったと信ずる。上等と下等の設備に著しき懸隔のあった事は特に注目に値する。
>
> （桜田助作「吾国初期の鉄道」『旅』一九三六年二月号）

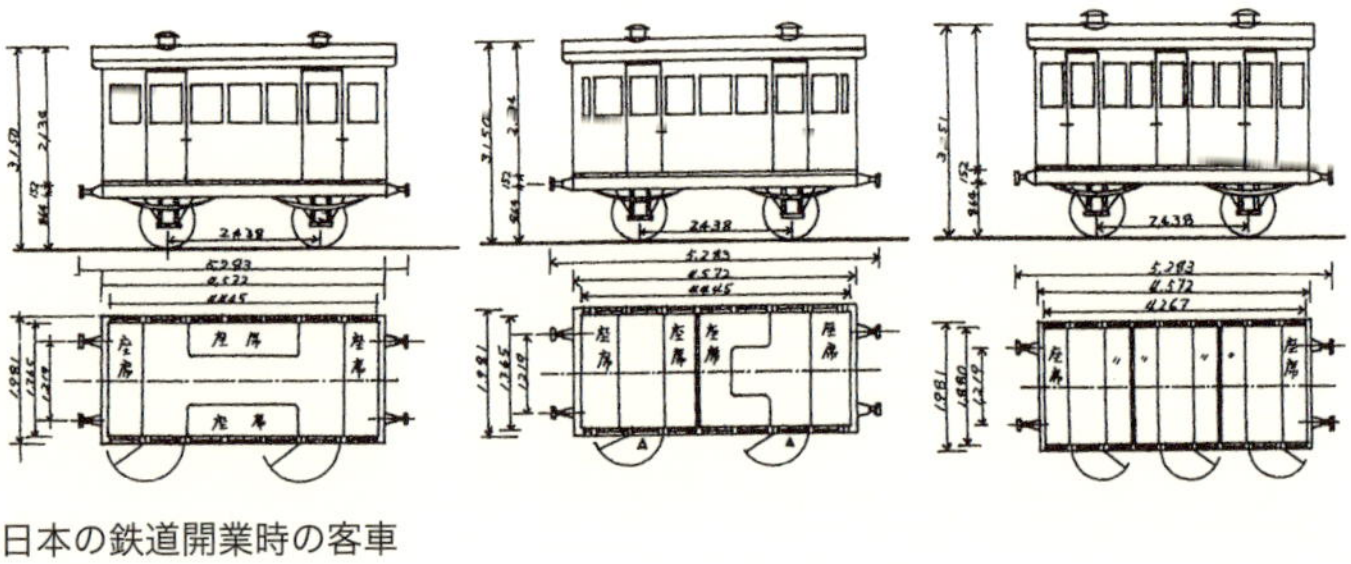

日本の鉄道開業時の客車

なお「下等」という呼称に抵抗感があるとクレームが多く寄せられ、一八九七（明治三〇）年に一等、二等、三等という呼称に代わった。大衆の所得が向上して三等車の利用客が増大していくと、一二等客の比率はしだいに減っていった。しかし制度としての三等級制はずっと続いた。そして一九六〇（昭和三五）年に一等車と二等車だけの二等級制に移行、一九六九年に呼称がグリーン車と普通車になった。なお、関西鉄道で一八九六年に上等、中等、下等車にそれぞれ白帯、青帯、赤帯を窓下に塗装したのが識別に便利と好評であったため、官鉄でも翌一八九七年に同じような塗装を施し、それが結局一九四〇年まで存続した。

等級ごとにみる乗客数の推移

それでは実際には、等級ごとにどの程度乗客があったのであろうか、統計資料を見てみよう。一九〇七（明治四〇）年の幹線鉄道国有化までの数字は、私鉄を除く官鉄だけのもの、それ以降は国鉄の数字であるが、大きな趨勢を見るにはこれで充分であろう（表5-1）。

まず言えることは、最初から一等客、二等客の比率は微々たるもので、イギリスよりずっと低かった。ちなみに品川～横浜間の創業

表5-1　日本の等級別乗客数及び比率推移　（単位：千人。括弧内数字は%）

年	一等客数	二等客数	三等客数	合計客数
1880年	20 (0.47)	207 (3.93)	5,042 (95.69)	5,269 (100)
1890年	71 (0.63)	603 (5.35)	10,591 (94.01)	11,266 (100)
1900年	227 (0.70)	2,277 (7.03)	29,835 (92.12)	32,388 (100)
1910年	423 (0.31)	6,501 (4.69)	131,706 (95.01)	138,630 (100)
1920年	94 (0.02)	18,193 (4.48)	387,532 (95.49)	405,820 (100)
1930年	50 (0.01)	9,699 (1.18)	814,40 (98.82)	824,153 (100)
1935年	57 (0.01)	7,45 (0.76)	977,531 (99.24)	985,041 (100)

出典：『日本国有鉄道百年史』ほか

時の列車編成は、上等車一両＋中等車二両＋下等車五両＋緩急車一両＝計九両であったが、一等、二等はガラガラで、三等車が超満員であった。その後、上等車の乗客はどんどん減少し、一九三五（昭和一〇）年では一等客が四捨五入でやっと〇・〇一パーセントになる程度、下手をすると「〇・〇〇パーセント」になりかねなかった。二等客もついに一パーセントを切ってしまった。

一八三〇年に鉄道を開業したイギリスでは、一八六〇年に一等客が一一パーセント、二等客が二八パーセント、三等客が六一パーセントであった。その四〇年後の一九〇〇年では一等客三パーセント、二等客六パーセント、三等客九一パーセントと、一、二等客は大分減ってはきているが、日

（上）明治後期の１等車
（中）明治後期の２等車
（下）明治後期の３等車

本に比べればまだはるかに多い。まず考えられる原因は、等級ごとの運賃格差であり、イギリスは一等運賃が三等の二倍、二等が三等の一・五倍見当であるのに対し、日本では一等運賃が三等の三倍、二等が三等の二倍とずっと差が大きかったためでもあろう。

ただし日英で共通に言えることは、大衆の乗客が増えるにしたがって三等客の比率がぐんぐんと上がり、一等、二等客はずっと減ってきたという趨勢である。このように三等車は量的には際立って大事であるが、一等車や二等車の設備や人種はどんなふうであったか、階級構造はどうなっていたかなど比較できて興味は尽きない。

2 等級ごとの車両のちがい

一等車であれ、三等車であれ、同じ列車なら同じスピードで走るのだから、その違いは乗客の快適性の違いであり、それは大半室内設備の違いである。

ロングシートは贅沢だった

大正時代になると、三等車は中央通路を挟んで左右二人ずつ掛けるクロスシートで、現在の普通車とレイアウトは同じであるが、かなり狭い。一等車、二等車はロングシートで、ただ肘掛の有無で差別化している。客車は元来クロスシートのほうが座席定員を増やせるのでそうしたかったが、当時の客車の横幅が二・二メートルと狭く、スペースをゆったり取らなくてはならない一、二等車にはそれができなかったからである。

　ロングシートというと今の通勤電車のレイアウトと同じであるが、通勤電車では立席定員を増やすことを目的としているのに対して、昔の一等車、二等車では座席空間にゆとりをもたせることを目的としていた。ただし、その後日本の客車の車幅が広がって二・八メートルほどになると、ようやく二等車も中央通路を挟んで両側に二人ずつ腰掛けるクロスシート方式になった。しかし一等車は別格で、豪華なソファになっている（写真参照）。

　個人的な思い出で恐縮だが、私が小学五年生の一九五〇（昭和二五）年、特急「つばめ」の一等展望車に乗ったことがある。東京〜大阪間の八時間運転が再開された年の秋である。たまたま父が銀行で上役の常務のお供をして大阪へ出張する時、滅多にない機会と、鉄道少年だった私に展望車を見学させてくれたのである。私は東京駅で発車直前の「つばめ」の最後部に連結された一等展望車内に足を踏み入れた。シャイだった私はただ上気して上の空の五分間であったが、安土桃山式の絢爛豪華な室内は今も記憶に焼き付いている。

一等車は儲からない？

　三等はたいてい混んでいたのに対し、一、二等客車はいつもガラ空きであった。鉄道収益に対する貢献度から見れば、まことに不釣り合いである。ごく少数の一、二等客のために特別の車両、特別の待合室、ボーイの乗務、暖房などを用意している。これでは一般の血税をもって上等客に寄付しているようなものである。国鉄としても一、二等車を外せば収益性が上がるし、牽引力ぎりぎりで走っている列車では、代わりに三等車をつなげば混雑緩和にも寄与するはずで、実際そういう主張もあった。

パスの客がふんぞり返る一等車廃止――国際線主要列車を除く一等車廃止がいよいよ十二月一日の全国的時刻改正と同時に実現する事になった。この問題は多年の懸案で鉄道当局でも従来廃止を企てたがその都度有力筋から圧迫を受けて実現を見なかったが、先頃首脳者の意見も一致した。各線の一等車利用率を調査したところ一日の平均利用率は超特急つばめですら一二～一四人、国際連絡列車富士が七～一三人、第七・八急行列車が四～六人〈中略〉更に各線について見ても東北線急行が二～四人、鹿児島本線急行が一～三人、北海道では全く論外で〇・三～〇・七人と一人にも足らない有様である。しかも一等客の七割三分までは無賃乗車券の持主で傲慢な態度でふんぞり返っているがその反面には東海道・山陽線ですら三等客は超満員で時には東京から広島まで立ち通しの旅客がしばしば見受けられる。

（「朝日新聞」一九三四年五月二三日付）

鉄道省にとって一等車の損益は大きな赤字であり、機関車の牽引力に限界のあった当時、一、二等車を連結するだけで、一列車が輸送できる旅客数も減ってしまう。すでに一九一九（大正八）年一〇月一日の時刻表大改正において、一等車は主要幹線の主要列車に限って連結されるようになっていたが、こうした趨勢を受けてさらに一、二等車を減らさざるを得なくなった。そうして一九三〇年代から一、二等車はだんだん減らされたが、とても全廃には至らなかった。

各国の列車種別

列車には、客車の設備のレベルによる等級の区別とは別に、特急・急行・準急・普通といった「列車種別」がある。この区分は、第一義的には停車駅が少なく到達時間が短いほうからされているが、速達要素だけでなく、列車設備もおおむね豪華な順になっている。したがって特急列車がその線区においては最も速いばかりでなく、最も豪華な列車になっているケースが多い。イタリアでもRapido（特急）、Espresso（急行）、Diretto（直行＝準急）、Locale（普通＝区間列車）と呼んでいるので、日本と同じである。

ところが、他国を見るといろいろあって面白い。イギリスでは速達の列車のことをExpressともいうがMailという場合もあった。これは郵便の速達性が重要であったので、最速列車で郵便物を運んだことによる。アメリカではLimitedとかSpecialなどと呼ぶことが多く、速達性なのか、豪華性なのか、ともかく特別の列車である。では、速達列車はすべて豪華列車かというと、いくらか例外もある。

たとえば一九三〇年代に衝撃的にデビューし、当時、世界最速であったドイツやアメリカ、フランスのディーゼルカー群である。これらの列車は高速で走るために軽量・短編成にせざるを得なか

プルマン社のパーラーカー

ったので、寝台車、食堂車、パーラーカーなどは連結する余裕がなかった。重厚・豪華な内装は軽量化に反したのである。たとえば有名なフリーゲンダー・ハンブルガー号（空飛ぶハンブルク人）の場合、ニス塗りベニア板の内装は至って簡素であり、ベルリンを出ると、簡単なスナックとドリンクが配られるだけであった。

また日本の場合、一九五〇年時点の東京〜熱海間では、湘南電車の準急のほうが特急「つばめ」より速かった。湘南電車の造りは一般の三等客車と同じで「つばめ」編成よりずっと劣っていたので、「つばめ」の乗客からこの点でのクレームは一切なかったようである。

欧米では客車の等級料金は取るが、列車の種別料金は取る場合と取らない場合がある。日本では客車の等級料金はもちろん、列車の料金も徴収するケースが多い。一九〇六（明治三九）年に新橋〜神戸間に最急行列車が登場して、初めて特別料金を徴収したが、それ以降、日本の国鉄では特急・急行・準急では例外なく特別料金を徴集するようになった。ただ最近では、ご存知のように、私鉄の近距離特急やJRの快速・通勤急行など、例外はいくらでもある。

3　等級制廃止論

一等車不要論者・徳田秋声

自然派の作家で『縮図』『黴《かび》』などを書いた徳田秋風は、客車の等級制に関して次のような持論を吐いている。

「さくら」は簡易で要領を得た汽車である。金はないインテレには打ってつけである。インテレ列車である。汽車などはこれで十分である。〈中略〉私は汽車は等級を撤廃して全部この式にした方が便利だと思う。〈中略〉詰まりは金が半額で済む気安さからなのであるが、生活上の変な差別感から自由になりたい気持もある、人間の上等下等は何も生活の等級から来ているのではない。〈中略〉もし等級を付すなら徹底的差別を鮮明にしておくと云う手もあっていい。金持はうんと高く、一般階級を平均に三等並みにしておくような仕方である。〈中略〉私は初めて三等寝台に納まってみたのである。これは勿論窮屈である。〈中略〉私は向かい合っている富山の人と長い間旅の話をしていたので、退屈はしなかった。二等ではこう云う風に誰とでも話をする訳にはゆかない。

（徳田秋声「郷里へ来て」『文芸春秋』連載、一九三六年）

「櫻《さくら》」という列車は一九二三（大正一二）年から一九四三（昭和一八）年までの二〇年間、東京〜下関間を走った特急の三・四列車である。一九一二年から一九四三年まで運転された一・二列車、

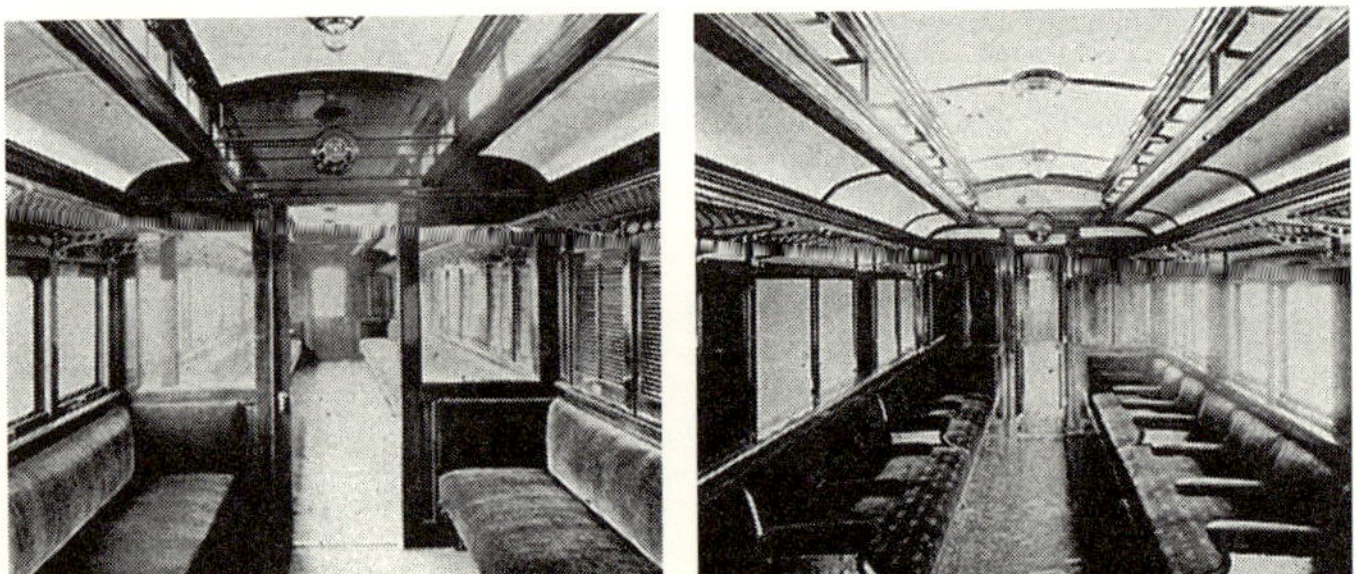

大正期の１等車客室（右）と２等車客室

特急「富士」の数分遅れの後続列車として運転された。「富士」が欧亜連絡ルートに組み込まれた国際列車として一等・二等車のみの編成で洋食堂車を連結していたのに対して、「櫻」は三等車を主体とした編成で和食堂車が連結されていた。外国人観光客も意識した豪華列車であるのに対して、実質同じスピードで走る実用的大衆列車であった。

一等車礼賛者・内田百閒

さて秋声が三等車指向論を展開している間、内田百閒は一等車礼賛論者であった。百閒が昼間の急行列車の一等車に乗って上野から仙台まで乗ったところ、客は百閒だけであったというから、いかに一等車が閑散としていたか想像できる。

私は汽車の一等に乗った事がないから、乗ってみようと思ひ立って、上野から仙台までの白切符を買った。〈中略〉さうして午後一時発の急行に乗り込んだ。〈中略〉一等車は、列車の真ん中にあって、半分は廊下のついた寝台車に仕切り、半分は昔風に座席が窓に沿って長く伸びていた。私はその長い座席の真ん中の辺りに座って、何となく、ほっとした。〈中略〉発車する迄、到頭だれも這入って来なかった。〈中略〉汽車が動き出してから、暫くすると、ボイが枕と、薄い毛布の様な物を持って来て、「お退屈さまで御座いませう。少しお休みなさいましては」と云って、枕を座席の上に置いた。〈中略〉車掌が何度も私の前を通ったから、その内に検札に来るかと思ったけれど、到頭来なかった。一等のお客には、そんな失礼な事はしないのだらう。

（内田百閒『一等車』）

内田百閒は戦前物書きをしながら、陸軍士官学校や海軍兵学校の教官を勤めていた。れっきとした高級官僚である。当時、高級官僚は半額で汽車に乗ることができた。きっと陸海軍の将校や国立大学の教授、高級官僚は一等車へ結構乗ったであろうし、それが無理でも一般人の三等運賃で二等車に乗ったであろう。ただし、特急・急行料金は別で、百閒も若干罪の意識からか、特急・急行料金はこういう割引は利かないことをしきりに言い訳している。

いずれにせよ一、二等車には三等車とは別な世界が築かれていた。誰でもできれば上級の客車に乗りたいものであるが、より人気があったのは二等車のようである。金持ちや権力者ではないかもしれないが、自分の身分に一応形がつき、世の中でも程々認められた証しが二等客である。藤沢以西の湘南住人が作った「藤西会」は、そういうメンタリティーの象徴である。

小田原駅、朝七時二十八分発の上り列車だ。気持ちよくスチームでぬくもった二等車の中ほどに〈中略〉親しげな会話が始まる。〈中略〉聞き覚えのある声だと思ったら議会の進行係・作田代議士（民政党）だ。記者に向かって「今日は僕らのクラブカーですか。なに僕らは藤西会と云ってね、藤沢以西から東京へ通っている者同士で『列車クラブ』を作っているのさ」〈中略〉作田代議士は一々隣席の人々を紹介してくれる。クラブ列車！　毎日ニューヨークへ出る出勤者のため鉄道会社は特別列車を連結する。お茶も出る、カードもできる、新聞・雑誌も用意してある。それはアメリカ近代相の一つだと思っていたら、この藤西会がその会員で殆ど二等車を独占し東京に乗り込むのだから豪勢なものだ。〈中略〉クラブ・メンバーは樺山伯、鈴木梅太郎、鈴木英雄、馬越恭平、菊本吉次、後藤武雄氏と云った学者、実業家、医者、官吏、会社員始めあらゆる職業人の顔触れで〈後略〉

（「東京朝日新聞」一九三一年二月二四日付）

顔触れを見ると、むしろ一等客クラスの人もぞろぞろいるが、東海道線の区間列車には一等車は連結されていない。彼らは通勤にはそんな贅沢を望まず、二等で十分満足しているところを逆に見せたかったのかもしれない。一方、やっと二等客レベルになれた人は、一等客レベルの人と同じ客車の同じ空気を吸える錯覚に浸りたかったのであろう。

昭和戦前期の客室
(上)から1等車（スイテ34050）
(中)2等車（スロ30960）
(下)3等車（スハ33650）

それにしても、一九三一（昭和六）年時点の藤沢以西とは相当遠い感覚になるが、鎌倉、逗子、葉山にも「藤西会」的人種は戦前から多く、戦後はずっと増大している。一昔前の湘南電車や横須賀線のグリーン車で東京に通う人々はお互いに顔見知りが多く、座る座席までおおよそ固定していたようである。藤西会にせよ、湘南電車のグリーン車にせよ、二等車の乗客同士の話は弾み、仕事上の根回しから週末のゴルフの約束、はては息子・娘の縁談の打診まで、大勢の人たちの悲喜こもごもや運命に影響してきたようである。

4 現代の等級事情

JR各社の場合

前述したように日本では、一九六〇（昭和三五）年に特急「つばめ」「はと」に連結されていた一等展望車が無くなって、実質二等級制になった。一九六九年には「一等車」「二等車」という呼称から「グリーン車」「普通車」となり、寝台も「A寝台」「B寝台」となった。ただしA寝台はとりあえず個室式と開放式に分かれ、料金も違ってきたし、その後「カシオペア」などがデビューすると、寝台等級と料金は細かく差別化されて行った。これはアメリカのプルマン社、ヨーロッパのワゴン・リ社なども同じで、豪華寝台列車は、寝台の等級と料金が細分化されていった。その詳細を追うのはクイズ番組ならともかく、広く大きい鉄道知識としては無意味であろう。

現代の列車の等級制はどうなっているかを見る場合、当然座席車を中心に見ることになる。まずは新幹線について。ほとんどの列車にグリーン車が連結されているが、新大阪以西を走る「こだま」など山陽新幹線および九州新幹線内の一部列車には、グリーン車は連結されていない。

在来線では、特急列車のほとんどにグリーン車が連結されているが、ＪＲ四国の特急列車では一両の半分だけ仕切ったグリーン車が多用されている。

在来線の普通列車の場合、ＪＲ東日本以外ではグリーン車は基本的に連結されていない。ＪＲ東日本では、東京駅を中心として高崎線（前橋まで）、東北線（黒磯まで）、常磐線（高萩まで）、成田線（成田まで）、総武線（成東まで）、房総東線（上総一宮まで）、房総西線（君津まで）、東海道線（沼津まで）、横須賀線（久里浜まで）の各線区に基本的にいわゆる「湘南ライナー」タイプの二階建てグリーン車を通常二両連結している。

この対極をなすのがＪＲ西日本で、現在、普通列車にはグリーン車は連結されていない。首都圏に準ずる京阪神地区を頻繁に走る「新快速」は、上記首都圏のライナーよりより重要な普通列車といえるのにどうしてであろう。それには合理的理由がある。「新快速」の走る線区のコアはも

湘南ライナーの２階建てグリーン車

ちろん京阪神間であるが、そこでは阪急・阪神・京阪の競合路線がある。私鉄各社はクロスシートを備えた特急電車を頻発し、いずれも特別料金なしで乗れる（最近、京阪のプレミアムカーという例外ができたが）。これら私鉄に対応するため、「新快速」の座席は普通車の割には具合がいい。そして平均的な乗車区間は短く、表定速度も首都圏のライナーより速い。こうした特徴は、京阪神間の鉄道の歴史や、東西比較の観点からも興味深いが、今は寄り道をせず、次は新幹線に目を向けよう。

新幹線グリーン車

さすがに新幹線の場合、普通車でも座り心地に不足なく、グリーン車であればより快適な空間が保障されている。その分料金も高く、グリーン車の乗車率は平均二〇～三〇パーセントぐらいか、ともかく平均五〇パーセント以下のようである。また首都圏普通列車に組み込まれたグリーン車も、平均的には空いていて、混雑時でもまず座れないことはないといったところであろう。雑駁《ざっぱく》な表現であるが、現在は情報化時代といわれる反面、情報所持者は以前ほどには明確な統計数字を公表しない傾向が強い。ＪＲ各社も同じで、グリーン車の乗車率などは安易に公表していない。この点は戦前、一、二等車の乗車率が極端に低いことが問題となった時でさえ、鉄道省から詳細数字が公表されていたのとは対称的である。ただ、詳細数字の有無は本質的問題ではない。要は戦前に比べればグリーン車はずっと頻用されているのである。ここにもやはり個人的な経済水準の向上が寄与しているのであろう。

グランクラス

現在、いわゆるクルーズ列車の類を除いてJRグループで最も贅沢な座席といえば、二〇一一年三月にJR東日本がE5系に設定した「グランクラス」であろう。

室内は木質とメタリックの色合いを組み合わせた「ウォーム・アンド・ナチュラル」といった落ち着きのある空間となり、床はウールの絨毯が敷かれ、座席は本革張りとなった。座席の縦方向のシートピッチ（前後の座席間隔）はグリーン車の一一六〇ミリから一三〇〇ミリに拡大された。横方向は、グリーン車では中央廊下を挟んで片側二列ずつであったが、グランクラスでは、片側一列、もう片側が二列と、うんと余裕ができた。リクライニングの角度も四五度まで採れるようになった。しかも、背もたれ角度、座面調節、フットレストの位置は電動スイッチ一つで操作できる（もっとも、高級自動車ではとっくに実現されているが）。また軽飲食サービスも付いていて、沿線の季節の食材を用いた和洋の軽食が選べるし、ドリンク類は飲み放題となっている。

新幹線の「グランクラス」の室内

専任のアテンダントが乗務し、座席からのボタン一つの呼び出しで、飲食、新聞・雑誌その他の要望に応じてくれる。このグランクラスは東北新幹線のE5系に続いて北陸新幹線を走るＥ７系・Ｗ７系、ついで北海道新幹線のＨ５系にも設定された。ここまで来ると、戦前の一等展望車レベルの快適度に達しているといえる。ただし新幹線自体が特別仕立ての豪華列車ではなく、便利な高速・大量輸送機関であるから、いくらグランクラスでも、昔の一等車に乗ったときのような、特別な印象や感慨はなかなか持てないであろう。いずれにせよ、等級制という意味では、これで日本も実質三等級制に戻ったと言えなくもない。

第6章 電化のあゆみ
——無煙化の達成と技術の発展

1 碓氷峠の苦闘と特急「燕」

碓氷峠の電化

一八七二（明治五）年に日本初の鉄道が新橋〜横浜間に開業して以来、現東海道線の横浜以西の線路の延伸が一八八七年まで一五年間もなかったのには理由がある。東京〜大阪間の最重要幹線のルートを中山道ルートにするか、東海道ルートにするか、政府内で意見が割れていたためである。国防上、幹線鉄道は内陸敷設がよいという軍部の意見もあってのことであるが、中山道ルートの場合、碓氷峠がボトルネックになるという理由で、結局、東海道ルートに決着した。

その間、碓氷峠の横川から軽井沢までをどう上り下りするかが検討された。結果、アプト式SLが選ばれ、ドイツ製の3900形四両をもって一八九三（明治二六）年、ついに同区間が開通が成った。その後、SLは大型化されて、3950形や3980形も増強配備された。

碓氷峠のSL

一九〇一（明治三四）年には勾配区間で列車がズルズルと下方へ退行してしまう事故も起きたが、何といっても最大の苦難は、凄まじい煤煙と熱気である。乗客のなかには、これなら徒歩の方がましだと、熊野平駅で下車して、軽井沢まで歩く者も出るほどであったが、とりあえず二〇ヵ所のトンネルの下方、すなわち横川寄りの出入り口に排煙幕を設置した。登る列車がトンネルに入ったところで排煙幕を下ろしてトンネルの口を塞ぎ、空気の流れを遮断することで、客車側に煤煙が流れるのを防ぐのである。この幕の上げ下ろしを行う作業員は「隧道番《ずいどうばん》」と呼ばれ、トンネル口そばにある番小屋に家族とともに住み込んで、一日ごとに二四時間勤務を行っていた。隧道番の仕事は、この区間が電化されるまで続いた。

一九〇五（明治三八）年頃になると輸送量は増えて、一日一八往復にもなったが、最大時速は一〇キロ、片道に七五分も要していた。一九〇七年の幹線鉄道の国有化とともに鉄道院ができると、早速この区間の電化を決定し、一九一一年に完成した。

電化後直ちに導入された電気機関車・EC40は最大時速を一八キロまで引き上げ、この区間の所要時間も四七分と大幅に短縮された。まだ総括制御方式が導入されず、複数の電気機関車が歩調を揃えての協調運転には訓練が必要であった。これでずいぶん便利になったが、電化後もSL時代のような退行事故は起きている。電気機関車はスイス製のED41、国産のED42と増強されたが、このED42がその後ずっと一九

碓氷峠の排煙幕

六三（昭和三八）年まで孤軍奮闘する結果となった。

その間、電気車の技術進歩があって、アプト方式を使わない通常の粘着式でもっと速く往来できる目途が立ち、一九六三年からはEF62およびEF63が客車列車を牽くだけでなく、電車特急列車もこれらの電気機関車が補機となってスムーズに往来できるようになった。

そして一九九七（平成九）年に高崎〜長野間の長野新幹線が開通すると、並行在来線である信越線は脇役になり下がり、経営主体も区間ごとに分かれた。しかし難所であったこの碓氷峠区間は、ついに廃線になってしまった。

超特急試乗で噴出した煤煙問題

戦前、日本の鉄道で最高速の長距離列車は特急「燕」であった。登場した一九三〇（昭和五）年当時は、東京〜神戸間の所要時間をそれまでの最速列車より著しく縮めたので、平均時速は六九キロに過ぎなかったものの「超特急」という大げさなタイトルを付けるほど鉄道省が入れ込んだ。

そのため超特急の営業前には念には念を入れたのであろう。一九三〇年七月三日には試乗列車を運転し、有名俳優や新聞記者も同行した。その代わり試乗客にはささやかな義務があって、アンケ

碓氷峠の電気機関車

ートに回答しなければならなかった。

その回答を見ると、全回答一〇五通のうち、何と半分以上の五五通が煤煙問題に苦情を寄せている。真夏のことで、客車の窓はほとんど全開であっただろうから、余計に煤煙に対する苦情が多くなったのであろう。煤煙に対する苦情を回答文章で具体的に見てみよう。

- 煤煙を予防する方法は無き哉。（七三歳の男性：交通研究者）
- 煤煙を今少し避くる方法はありませんか。（六五歳の男性：医師）
- ただ一つひどい煤、顔や手も真黒、窓の枠の際からぼろぼろ入って来ます。これまで見たことがないくらい。何故でせうか。（二四歳の女性）
- 煤煙には閉口致します。なんとかできませんか。機関車は無煙炭か電化にでもすれば黒助の様な顔が助かります。私の一番尖端的な希望は一日も早く電化にして下さい。（四一歳の男性：旅行クラブ幹事）

私も一九五二（昭和二六）年の中学一年の夏、関西の親戚を訪ねるため、東京駅から朝九時初の特急「つばめ」の三等車に乗った。最初の牽引機EF57は浜松でC62に付け替わったが、スピードは何ら遜色ない。米原以降も快調に飛ばしたが、逢坂山トンネルに入ると、煤煙がたちまち車内に充ち、皆慌てて一斉に窓を閉めるがもう間に合わない。臭く霞んだ車内、蒸し暑さも堪え難い。山科では直ちに窓を開け放つが、東山トンネルで同じことが繰り返された。大阪に着いた時に、真っ白だった開襟シャツが薄黒く煤けていたのを、つい昨日のことのように思い出す。二二年の歳月が経っても特急「つばめ」の煤煙問題は全く同じであったのである。

2 SLの運転室はまさに修羅場

本書は主に旅客にとっての快適性を論ずるものではあるが、鉄道省や国鉄が考えた無煙化には、乗務員や機関庫の職員を過酷な労働から解放する目的もあった。中野重治の『汽車の罐《かま》焚《た》き』を読むと、SL機関士らの苦闘がよくわかる。

ぐわっとというひびき、同時に爆発的な勢いで湯気と煤煙がまくりこんできた。トンネルへはいったのだ。ものすごく反響するドラフトの騒音。一ぱいになった湯気と煙とでウォーターゲージはもう見えない。〈中略〉中原は気が狂ったように砂ハンドルを動かした。がらがらん、がらがらん〈中略〉機関車の下で物の砕けるようなすさまじいおとがした。鉄のやけるにおいがくる。と、スピードがぐぐうとおちた。「空転だ！」「火床がひっくらかえるぞ！」鈴木は無我夢中でファイヤドアをひきあけて腕ショベルをふりまわした。

（中野重治『汽車の罐焚き』細川書店）

SLは勇壮で恰好よく、傍から見るのは楽しいが、整備、保守、運転するのはきわめて厳しい作業であった。運転室の乗り心地は、電気機関車やディーゼル機関車に比べると、振動や騒音が格段に激しい。レール、車輪、台枠を通じて運転台までの間にバネ装置なんてほとんどないのだから。

SLの運転台における罐焚き

夏は酷暑に苦しみ、トンネルに入れば煤まみれになる。前方視界は極端に悪く、信号確認も反対側にいる機関助手との連携が重要となる。夜間やトンネル内の運転は前照灯だけでは足りず、盲目運転に等しい。機関庫も楽ではなく、火入れ、灰落とし、手入れに大変な労力を要した。

そうした厳しい職業ではあったが、農家の少年などはSLの運転手に憧れた。めでたく国鉄に入ると、庫内手（機関車磨き）→機関助手（罐焚き）→機関手（運転手）という階梯の一つ一つがとても長く感ぜられ、脱落する者、万年罐焚きに甘んずる者などの人生模様も出てくる。なかでも罐焚きの仕事はもっとも厳しかった。そして定年になってようやく家でも建てると、ほどなくぽっくり亡くなる。一般より十年も早死にすると言われていた。

3 日本における電化のあゆみ

後藤新平は電化のラッパも吹いた

満鉄総裁を勤めたあと、鉄道院総裁になった後藤新平は何事にも積極的だった。シベリア鉄道を基軸にした欧亜鉄道連絡ルートの実現、幹線広軌化の提言のほか、電化問題にも注力した。一九一〇（明治四三）年に鉄道院内に電気動力分科会を作り、当時の工作課長・島安次郎らをヨーロッパに出張させて電化問題の調査に当たらせている。その後一九一九（大正八）年には「国有鉄道の運転に関し、石炭の節約を計るの件」が閣議決定されたのを受けて、国鉄内には新たな電化調査委員会が発足した。この委員会は結論として、主要幹線、勾配区間、都市近郊路線など合わせて四一〇〇キロもの電化計画をぶち上げた。

鉄道省（鉄道院は鉄道省に昇格）内にはSL保守派と電化推進派があり、一九一九年に広軌改軌論が敗れて「建主改従」路線が確認されるや、「狭軌のままで電化することが最も効率的」という電化推進議論が、電力業界や一部政界からも出てきた。軍部は軍部で、電化区間は艦砲射撃や爆撃など敵の攻撃に弱いという理由で反対で電化に反対した。東京～下関間の弾丸列車計画も、軍部によって蒸気列車主体の計画に変更させられたという経緯もある。このように電化問題もいろいろな政治勢力のせめぎ合いに翻弄されて来たことは否定できない。

冷静に考えてみると、一九〇一年にベルリンの実験線でジーメンス製の木造電車が時速二〇三キロを記録して以来、電気モーターの性能は蒸気エンジンの敵ではないことをプロは充分分かっていた。しかし戦前は、欧米先進国でさえ電力供給量に大きな制約があって、鉄道の電化区間は都市近郊を除くと長距離幹線ではごくわずかで、日本も例外ではあり得なかった。それに関連して、戦前および戦後一〇年で電化された幹線の区間は次のとおりである（表6-1）。

国鉄・JRの電化の推移

この表中、戦前一九三一年に電化された中央線が、いかにSLの煤煙から解放されたかを記した新聞記事を見てみよう。

明け放しの窓で小仏トンネルを走る！――鉄道にとって唯一の恥辱といはれたトンネル地獄の中央線もいよいよけふ四月一日から一九三一年式電気機関車が動いて快適な旅行が開始される。〈中略〉トンネルを運転中に機関手が暑熱と煤煙のために

表6-1　戦前および戦後10年で電化された幹線

時期	完成年	線名	区間	距離	備考
戦前	1911	東海道線	東京〜国府津	77.7	最重要幹線の部分的電化
	1912	信越線	横川〜軽井沢	11.2	急勾配アプト式
	1931	中央線	東京〜甲府	134.1	勾配・トンネル区間
	1931	上越線	水上〜石打	41.5	清水トンネル前後区間
	1934	東海道線	国府津〜沼津	26.9	丹那トンネル完成を機に
	1941	身延線	富士〜甲府	88.1	富士川水力電気の活用
	1943	飯田線	豊橋〜辰野	195.7	天竜川水力電気の活用
戦後	1947	上越線	高崎〜水上	59.1	
	1947	上越線	石打〜長岡	65.0	
	1949	東海道線	沼津〜浜松	130.9	
	1952	高崎線	大宮〜高崎	72.7	
	1952	東北線	上野〜大宮	26.9	
	1953	東海道線	浜松〜名古屋	108.9	
	1955	東海道線	名古屋〜米原	79.9	

出典：『電化と複線化発達史』ほか

窒息した非文明的な惨事さへ三回突発した。これを見ても旅客の不愉快さは知るべしで、真夏など顔、手、ワイシャツ、白いものはすすだらけになったものである。〈中略〉最新式のED一七型電気機関車のサイレンと共に八王子駅を発車〈中略〉第一関門たる小仏トンネルに入ると今までのやうに慌てて窓を閉めることも要らず真黒な煤煙はちっとも飛込まない。蒸気機関車が四分半かかるのを僅か三分半で通過する。

（「朝日新聞」一九三一年四月二日付）

戦前は、まずは大都市周辺とトンネルや勾配の多い路線が優先して電化されていったが、乗客から見た無煙化の恩恵は、当然ながら後者の地域に顕著であった。戦後になって第一に着手された電化工事は上越線で、すでに電化されていた水上～石打間の両サイド区間の電化を進めて、高崎～長岡間の電化が完成した。なにぶん戦争直後の工事であったから、資材集め、食糧集めなどが大変であったが、予定どおりに運んだ。次に国鉄は東海道本線の沼津以西への電化延伸に邁進した。

その間、GHQはアメリカで誇るGM社製のディーゼル電気機関車やディーゼルカーを日本に売り込もうと、電化計画に異論を差し挟んだりして国鉄に干渉しようとしてきたが、国鉄では「石油資源の豊富なアメリカの猿真似はできない」とスタンスを崩さなかった。一方韓国では、朝鮮戦争を経てアメリカの影響力が強かったので、韓国版高速鉄道KTXが走り出すまではアメリカ方式のディーゼル天国ができ上がった。この点は韓国国鉄にとって必ずしもベストの選択ではなかったと思われる。

以上の経緯のなかで、戦後の五年ごとの国鉄・JRの電化工事の進捗と、その累積結果としての電化区間距離、総延長距離を表記すると次のようになる（表6-2）。

国鉄では、戦前の一八七二〜一九四五年の七三年間に全体の七パーセントしか電化できなかったが、この比率は水力発電に恵まれたイタリアやスイスを除くと、アメリカ、イギリス、フランス、ドイツなどの主要国に比べて決して遜色はなかった。

戦後は「無煙化」「高速化」「合理化」の掛け声とともに電化工事のピッチは予定通り上がり、現在のＪＲの電化率はちょうど五〇パーセントに達している。電化区間は概ね主要幹線および亜幹線までカバーしており、未電化区間は概してローカルの閑散区間で赤字路線である。したがって、さらにそこまで無理して電化するには及ばず、ディーゼル列車で対応するのが現実的である。今後、新幹線を除いて在来線の電化工事はほとんど行われず、電化比率も大きくは伸びないと考えられる。なお、ＪＲ以外の民鉄の合計路線延長は七五〇〇キロと大きく、それらの過半は近郊電車、地下鉄などで当然電化比率は高いので、日本全体の電化比率は一挙に六五パーセントすなわち全体の三分の二に跳ね上がる。

表6-2　国鉄・JRの電化の推移　（単位：両）

	新規電化	電化区間	鉄道総延長	電化比率
1872〜1945	1,310	1,310	19,620	7%
1945〜1950	349	1,659	19,786	8%
1951〜1955	302	1,961	20,093	10%
1956〜1960	738	2,699	20,482	13%
1961〜1965	1,529	4,228	20,754	20%
1966〜1970	1,793	6,021	20,890	29%
1971〜1975	1,607	7,628	21,272	36%
1976〜1980	786	8,414	21,322	39%
1981〜1985	695	9,109	20,478	44%
1986〜1990	492	9,601	20,157	48%
1991〜1995	511	10,112	20,135	50%
1996〜2000	-226	9,886	20,057	49%

出典：『電化と複線化発達史』ほか

交流電化と交流モーター

ここまでは脇目もふらず、従来の直流一五〇〇ボルト方式で幹線電化を進めてきた国鉄であったが、一九五三（昭和二七）年に長崎総裁が渡仏した時、フランスではちょうど商用の単相交流電化を実験しているところであった。架線の電流を直流一五〇〇ボルトから二万〜二万五〇〇〇ボルトの単相交流に替えると、送電ロスが減少し、必要な変電所の数を少なくできて、ずっと送電効率がよいのである。長崎総裁は帰国後直ちに「交流電化調査委員会」を設置し、一九五六年から仙台〜山形を結ぶ仙山線を舞台として実証テストが始まった。試行錯誤の末、単相交流を電気機関車内で直流に変流・変圧することで目途が立った。

このように始まった交流電化は、今や新幹線のすべてと在来線を合わせると、もう在来線の直流電化区間より長くなっている。

ここまでは架線電流の交流化の話であったが、次はモーターの交流化の話である。一九九〇年頃に世界的にも大きな技術革新があって、電気列車のモーターが、直流モーターから三相交流モーターに替わった。架線電流が直流であろうが単相交流であろうが、電気車内のVVVFインバーターという制御器を使って、三相交流モーター（小型・軽量・高速回転・堅固）を廻すのである。

簡単に言うと、三相交流モーターのメリットは前々からわかっていたが、技術的な壁があってうまく廻せなかった。そこへVVVFが登場してうまく対応できるようになった。名馬（三相交流モーター）は居たが名ジョッキー（VVVF）が現れて初めて真価を発揮できたといった譬《たとえ》になろう。

4　ディーゼル列車は名脇役

今、日本のテレビを見ていると、鉄道を走る列車はすべて「電車」と表現する人が多い。特に都会に住む若い女性にそれが多い気がする。しかし今でもディーゼルカーは亜幹線やローカル線の運行を担う重要な存在である。

わが国の気動車の歴史を紐解くと、国鉄が一九〇九年にハンガリーのガンツ社製の小型蒸気エンジンを木造客車に積んで、関西線の湊町〜柏原間で運行したのが最初のようである。その後エンジンは国産化され、国鉄のローカル線や地方鉄道にも多少普及していったが、決して効率のよいものではなかったので、ほどなくガソリンカーに取って代わられている。

わが国におけるガソリンカーは一九二二（大正一〇）年に好間《よしま》軌道に導入されて以来、地方私鉄に陸続と登場してきた。そして鉄道省も一九二九（昭和四）年に二軸単車構造のキハニ5000を大垣〜美濃赤坂間にデビューさせ、さらに一九三一年には大型ボギー構造のガソリンカーを彦根〜虎姫間にも運行させた。当時の国産ガソリン・エンジンは国際的に見て見劣りする非力なものだったので、その運用成績は国鉄をがっかりさせるようなものであった。

この反省に基づいて国鉄は一九三三（昭和八）年に長さ一七メートル級のキハ41000形を、一九三五年にはそれを大型化した二〇メートル級のキハ42000形をデビューさせた。これらが山野をバックに走る風景は、戦前の国鉄ローカル線の典型的な風物詩にまでなった。ところが戦時体制になるとガソリンが払底し、ガソリンカーの稼働率は下がっていった。

戦後は一九五〇（昭和二五）年からガソリンカーに代わって、トルクが強く、経済的でもあるディーゼルカーの新製や、既存ガソリンカーのディーゼル・エンジンの積み替えが始まり、一九六〇年までには二〇〇〇両を超えるディーゼルカーが日本全国を駆けめぐるようになっていた。戦後最初のうちは、戦前と同じくローカル線の合理化のためであったが、次に亜幹線の準急辺りに広く定着していったのである。

ちょうどその頃のディーゼルカーによる無煙化を礼賛した格好の文章がある。

ぼくは飛騨の山奥に生まれたので、幼少時代は汽車というものを知らずに過ごした。〈中略〉その後、高山線ができてたまに郷里へ帰るときは、汽車の煙に悩まされた。〈中略〉久々に見る故郷の山河を、食い入るような目でながめたいのだが、アッというまにトンネルに入る。そして濛々たる煙だ。〈中略〉ワイシャツも服も真っ黒でザラザラになるし、顔や首筋も煤煙だらけだ。〝煙の出る汽車〟に郷愁を覚えるどころの騒ぎではない。〈中略〉高山線も近年はディーゼル・カーが日に二回ほど出るので、ふるさと入りはもっぱらこれに乗ることにしている。〈中略〉煙の出ないディーゼル車なら、窓外の眺めをほしいままにすることができる。煙の出る汽車は真っ平である。

（荒垣秀雄「煙のないディーゼルカー礼讃」）

こうした荒垣秀雄の礼賛に励まされたのか、国鉄ではディーゼル準急を大増発しはじめた。一九五九年九月の資料によれば、このために新たにディーゼルカーを一一七台用意して、北は釧路～網走間から南は博多～西鹿児島間まで全国的に展開したのであった。

今日本を始め欧米先進国では日常的にSLを見ることはないし、煤煙で悩まされることもない。しかし、こうなったのは一九七〇年あたりからのことで、戦前はもちろん戦後しばらく一九六〇年頃までは日本も欧米もSL天国であった。

ディーゼル準急車両

第二次大戦が終わると、日本やドイツやフランスの国鉄は戦後の基本政策として逸早く無煙化を掲げて邁進した。そのために主要幹線では電化、ローカル線ではディーゼル化が精力的に推進された。一八七二年以降、現在に至るまできりのよい一〇年刻みの時系列でまとめると次のようになる（表6-3）。

これを見ると、SL牽引の客車列車という編成は、戦前の一九四〇（昭和一五）年までは圧倒的で、戦後一九六〇年になって電化やディーゼル化の影が大きくなった。一九八〇年代にはSLは姿を消し、一九九〇年代に入ると、動力集中型のディーゼル機関車や電気機関車牽引の列車もぐっと減少して、客車数も減った。その分は電車やディーゼルカーが取って代わったのである。

戦前や戦争直後に比べると、ディーゼルカーの質量両面における伸長は著しく、直噴エンジン、過給機、冷却機などの発達によって小型化・高回転化・高トルク化などが達成された。この点は自動車エンジンの進歩と同じで

表6-3　国鉄・JRの保有車両数（種別ごと）の推移　（単位：両）

	機関車				客車	
年	SL	DL	EL	PC	DC	EC
1872	10	0	0	58	0	0
1880	36	0	0	178	0	0
1890	117	0	0	534	0	0
1900	373	0	0	1,075	0	0
1910	2,231	0	0	5,616	4	44
1920	3,284	0	22	7,764	18	290
1930	4,088	4	97	10,422	26	1,128
1940	4,882	13	200	10,765	272	1,701
1950	5,102	0	356	11,271	123	2,657
1960	3.974	218	782	11,412	2,059	4,534
1970	1,601	1,447	1,818	8,811	5,396	12,679
1980	5	2,109	1,856	6,176	5,038	17,696
1990	8	878	1,035	2,481	3,148	20,213
2000	10	629	819	951	2,629	21,686

出典：『日本国有鉄道百年史』

ある。エンジンの性能が進歩すると、ディーゼルカーは非電化区間幹線の特急にもどんどん進出していった。その場合は、無煙化、効率化といった地味な目的は薄れ、むしろ高速化やいろいろな意味での列車快適化に大いに貢献したのである。

たしかに一九七〇～八〇年代の前半までは日本のディーゼルカー最盛期で、その保有台数は五〇〇〇両を超えてイギリスを凌駕した。ただし一九八〇年代後半に入ると、在来幹線の電化と新幹線の延伸があって、それまでディーゼル特急が活躍した未電化の幹線や亜幹線は減少してきた。現在では全盛期の半分といったところである。

ディーゼル特急車両

第7章 サービスの改善——接客・マナー・座席指定・通信手段の変遷

1 最初は威張った鉄道員

鉄道開業以来、鉄道の希少価値と需給バランスを背景にして、駅員や車掌など乗客に接する鉄道員の態度はとかく悪く、乗客たちの批難の的であった。鉄道員には士族出身者が多かったから、言葉遣いや立ち居振る舞いが横柄で、サービスなどという考えはまったく頭になかったと言ってよいであろう。しかも、他の省の役人がまだ羽織袴を着ていた頃、鉄道職員は洋装で腰には短剣を吊るしていたから、さぞかし乗客には厳めしく見えたであろう。金モール付きの制服を着た駅長が歩いてくると、お客のほうが丁寧にお辞儀をしていたというのであるから、あべこべである。

この当時は客車のドアを駅員が外側から閉めてロックするシステムであったから、駅員は他意なく業務を実行していても、傍《はた》から見ると、これも横柄に見えたことであろうが、そもそも開業時の鉄道規則からして、乗客の側に立った表現とは言いがたい。以下に少し抜き出してみよう。

- 乗客せんと欲する者はこの表示の時刻より遅くも十五分前にステーションに来り切手買入その他の手都合をなすべし。
- 但し発車並びに着車とも必ずこの表示の時刻を違わざるようには請負難けれどもなるべく遅滞なきよう取り行うべし。
- 旅客中乗車得ると得ざるは車内場所の有無によるべし。

・犬一匹につき片道賃銭二十五銭を払うべし。しかし旅客車に乗するを許さず犬箱あるいは車長の車にて運送すべし。
・発車時限を惰《おこた》らざるため時限の五分前にステーションの戸を閉ざすべし。
・吸煙車の他は煙草を許さず。

鉄道に関する規則は、正式な法令としては、太政官布告の「鉄道略則」としていかめしく規定されているが、大衆にわかりやすいように「鉄道規則」といった表現がされた。

随分身勝手な規則であるが、「喫煙車以外は禁煙」「犬も乗れる」といった進歩的条項も混在していてユーモラスでもある。ともあれ、鉄道員の横柄はしばらく続いた。文豪・森鷗外もそうした鉄道員に激怒した一人である。

一八九〇（明治二三）年の夏、軽井沢からの帰途、鷗外は本庄から日本鉄道・高崎線の上野行き上り列車に乗った。鷗外は和服を着ていたが、駅員や車掌は単純で、洋服を着ている人は偉いと思って丁重に扱い、和服組は粗末に扱っていたので、彼は怒り心頭に発したのである。食堂車が登場して以降、長らく洋食堂車は高級な存在で主に一二等客が使い、和食堂車は大衆

犬箱も列車に乗れた（ジョルジュ・ビゴー画）

的で主に三等客が使ったのも、同じような西洋かぶれの風潮であろう。

松井田より汽車に乗りて高崎に抵《いた》り、ここにて乗りかえて新町につき、人力車を雇いて本庄にゆけば、上野までの汽車みち、阻礙《そがい》なしといえり。〈中略〉車丁等には、上、中、下等の客というこころなくして、彼は洋服きたれば、定めてありがたき官員ならん、此は草鞋《わらじ》はきたれば、定めていやしき農夫ならんという想像のみあるように見うけたり。上等、中等の室に入りて、切符しらぶるにも、洋服きたる人とその同行者とは問わずして、日本服のものはもらすことなかりき。〈中略〉最大大切なるは、服の和洋なり。旅せんものは心得置くべきことなり。」

（森鷗外『みちの記』岩波書店）

このように官鉄では官尊民卑の風潮があって、サービスどころではなかった。一九〇七（明治四〇）年に大手私鉄が国有化されるまで、幹線鉄道は官鉄と民鉄で担っていたから、乗客たちは両者のサービスに如実な差があることを肌で感じたことであろう。

2 官鉄と民鉄の競争

乗客たちは、官鉄と民鉄間、民鉄間のサービスの違いをよく見ていた。走行区間が異なるため、直接的かつ尖鋭的な競争には至らないが、間接的にはかなり影響を受けたはずである。

こういう面でまず話題に上ったのは、神戸駅で接続する山陽鉄道と官鉄・東海道線の比較であった。列車のスピード、客車の設備、食堂車のサービス、電気照明、赤帽制度など、すべての面で山陽鉄道が官鉄をリードし、官鉄側がそれに必死に追いつこうとする、という構図であった。自信満々の山陽鉄道は余勢を駆って、一八九六（明治二九）年には東海道線買収計画をぶち上げたほどである。いわく「最も恵まれた官営の東海道線においてとても不行届きな点が多い。もっと改良し、スピードアップと増便を計るべきである。新橋・神戸間の急行を十二三時間にまで縮めるにはまず複線化し、車両を増し、停車場を改築する……」。しかしながら、山陽鉄道は義務づけられている広島〜下関間の建設も遅れ気味であったし、政府がドル箱の東海道線を手放すわけもなく、計画が具体化することはなかった。

当時最も進んだ山陽鉄道の真逆としてよく対比されたのは、日本鉄道である。時刻表どおりに走らない、車内設備は悪い、汚いといった苦情がよく寄せられ、新聞も山陽鉄道とのギャップの大きさを書きたてた。北関東や東北地方をネットする日本鉄道は、政府から手厚い財政的補助が与えられていたが、運営コストは大いに絞っていた。線路敷設や車両導入に関しては、官鉄に準じていたから、ずいぶん手間やコストを省けたという見方もできるが、日本鉄道サイドにある種の甘え——日本の後進地域を支えているのだから、乗客も贅沢は云えないはず——もあったことは否めない。

官鉄と私鉄との競合路線は基本的にはなかったが、唯一の例外があった。大阪〜名古屋間では、関西鉄道（今の関西線ルート）と官鉄の東海道線が真っ向から競合したのである。

日本鉄道の上野駅構内（明治30年頃）

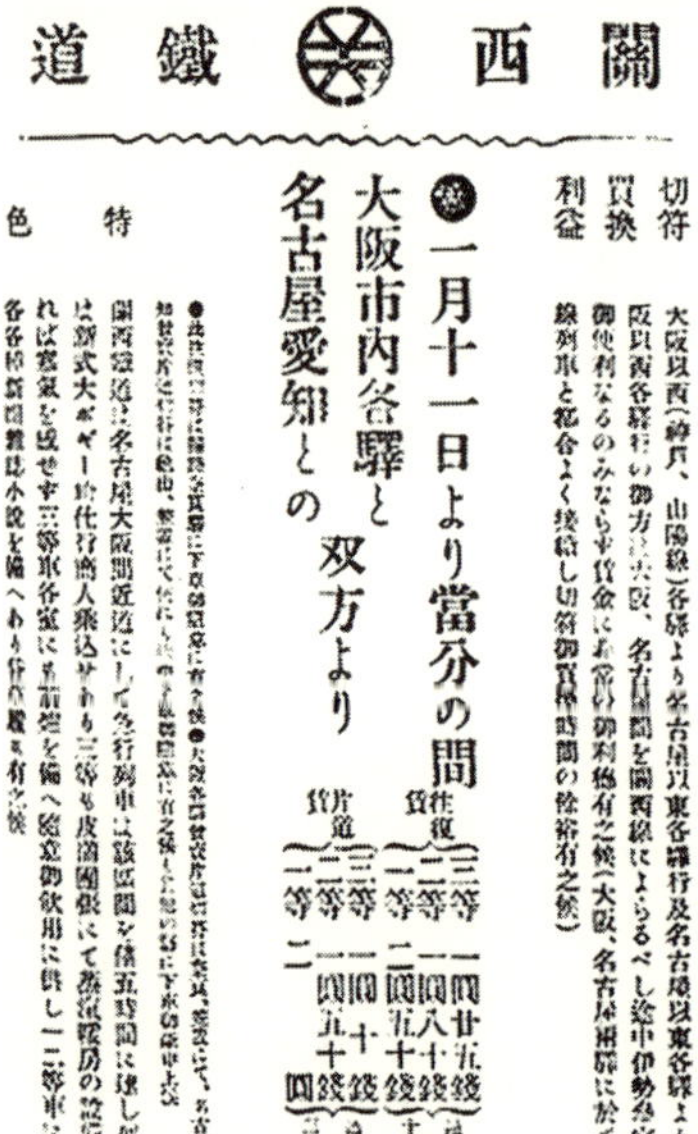

⇦関西鉄道による運賃値下げの告知

まずは一八九八（明治三一）年から運賃割引き競争が始まった。しかし共倒れになってては元も子もないと、大阪〜名古屋間の運賃を一円七十銭にすることで一旦は手打ちとなった。ところが、しばらくして関西鉄道が協定を破り、運賃を一円十銭に下げて駅弁まで付けるという大攻勢に打って出た。官鉄も黙ってはおらず、すぐに運賃を合わせて「関西鉄道を潰してやる！」と意気込んだので、関西鉄道は内心ひやひやものであった。

両者の争いはいつ終わるとも知れなかったが、転機が訪れた。一九〇四年二月に勃発した日露戦争である。大阪府知事らが仲裁に入り「両者の運賃は同一とし、貨物は等分する」ことで手打ちとなった。この間、関西鉄道は料金だけでなく、新型機関車を入れてスピード競争も挑んでいた。両者にとっては肝の冷える闘いであったろうが、この競争は乗客には思いがけない福音となったといえよう。

3 お客のマナーもいかがなものか

駅員の横柄な態度が非難されたと書いたが、乗客側のマナーにも問題があり、当時の新聞などでよく指摘されている。いくつかご紹介しよう。まずは幹線国有化直後の三等車の光景であるが、ずっと以前からよくあった光景であろう。

座れない立ち客が居るのに、見て見ぬ振りをして二三人分の座席を荷物で塞いでいる非常識人が五〜一〇％の頻度で見られる。もっとも託送手荷物の手続をして客室に持ち込まなくても荷物を送る制度があるのに殆《ほとん》ど利用されずに自分の重量以上の荷物を客室に持ち込む事さえある。それを関係する赤帽も車掌も見て見ぬ振りをしている。長距離を乗客の一部は立って行くのを当然としているのであろうか。

（「東京朝日新聞」一九〇八年八月一一日付）

それから約三〇年後、新宿駅発の中央線車内の状況を車掌の立場から訴えた記事である。

第二日曜であったせいであろう。〈中略〉新宿では列車に乗れない人々が気の毒にも相当ホームに残されていた。併《しか》し例によってチャッカリしたハイカー連だけは〈中略〉実際この連中の座席の奪り方といったら〈中略〉三両目の三等車、座席が通路の両側に八つとってあった。二十五、六歳の断髪マダムと一人の青年ハイカーが三、四のルック［リュックサック］を武器としてそれを守っているのだ。全部満員で通路に十数人の人々が立っているのだが、一向そんな事にはお構ひなしと見えて、〝そこあいているでしょうか〟と立ちん坊氏が尋ねても〝います〟で平然たるものだ。

（塩見聖平「或る列車々掌の日記」『旅』一九三七年四月号）

いずれも三等車内の混雑と、醜い席取り合戦の状況を訴えたものである。日本では混雑と公衆道徳の欠如は根深く慢性的で、とても付け焼刃の一朝一夕で治るようなものではなかった。一九三九年生まれの私は、多少戦中や戦争直後の電車や列車の情景を覚えている。思い返してみると、このようにいつも混んでいたせいもあろうが、ホームでは人々はろくに列も作らず、列車が到着するとドア目掛けて大勢が無秩序に押し寄せた。

こうした混雑時のマナー違反は深刻であった。このほか、明らかなマナー違反と言わないまでも、外国人が奇異に感じたという日本人乗客の振る舞いもご紹介しよう。一九二六（昭和元）年に東京〜横浜間の二等車に乗った外国人のコメントである。当時の車内の様子が目に浮かぶようで面白い。

本年七月廿五日紐育「タイムスマガジーン」にこんな記事がのって居た。（訳者記す）

横浜から東京までは、ほんの十八哩《マイル》しかないのだが、日本人は何か食って口を動かして居なければいられないのだ。だから停車場といふ停車場で蓋をした茶瓶、瓶入りラムネ、タンサン水、それから日本人のとても好きな「シャンペンサイダー」といふ飲料を呼売して来る。米から造った熱い「サケ」を陶器製の徳利にいっぱい入れたのも売っている。その「サケ」はまるでクロロホルムと甘いシャンペンとを混ぜたやうな味がする。〈中略〉汽車の中で食ったり寝たりするかと思ふと、裸になって着物を着更へたり、小声で歌を唱ったり、詩を唸ったり、さては「サケ」の小徳利を抱へ酔っぱらって上機嫌になる。一人の老人がモグモグ入歯をはずして掃除をはじめたかと思ふと、母親達は平気で胸をあけて赤坊に乳を飲ませる。

（「外国人の見た日本の汽車」『旅』一九二六年一〇月号）

車中の飲食（ジョルジュ・ビゴー画）

当時二等車に乗る日本人は比較的豊かで知識階層であったはずであるが、外国人の筆者は欧米の三等車に乗ったような庶民的雰囲気を感じたようである。

4 座席指定席と自由席

こうした列車の混雑への対策として登場したのが、座席指定席である。今でこそ在来線の特急や新幹線の座席指定券は、みどりの窓口で即座に買えるが、昔は特急列車の座席指定券を確保するのは、なかなか手間がかかった。

座席指定券の確保もひと苦労

一九二三（大正一二）年に東京〜下関間に登場した、全三等車編成の特急3・4列車（「櫻」の前身）は、中産階級・知識階級には大きな福音であったが、今のように即座に窓口で買えるものではなかった。ある鉄道ファンの述懐によれば、東京駅で「下関→東京の上り三等特急券」を朝に申し込んだところ、夕方になってやっと取れたというのだから、隔世の感がある。

それから三〇年経った一九五二（昭和二七）年、私が特急「つばめ」の三等車で東京〜大阪の乗車券と特急座席指定券を買った時はだいぶマシである。乗車一週間前に最寄りの上中里駅に行って申込書を書くと、駅員は東京駅と電話で交信をする。十五分ほどかかって座席指定が完了し、恭《うやうや》しく切符を頂くのである。もっとも当時は、座席指定制度が適用される列車は皆無に近かった。

座席定員制から座席指定制へ

さてわが国における本格的座席指定列車は、一九一二（明治四五）年六月に新橋〜下関間に登場した特急の1・2列車で、「富士」の前身に当たる。七両編成で、郵便荷物車＋二等寝台車＋二等車×2＋食堂車＋一等寝台車＋一等展望車であった。鉄道院の告知にも「本列車の一、二等座席には悉《ことごと》く番号を付して、御乗車前座席を予約する便法を新設致《いたし》候《そうろう》間、御希望の向《むき》は前以《もっ》て乗車駅に御申込相成度候《あいなりたくそうろう》」と明示されている。この列車は上流階級向けで、三等車はのっけから連結していなかったが、コンピューターがなかった戦前や戦争直後は、座席指定制の運用は国鉄側にとって大変な作業であった。そのため戦前は「寝台車と特急列車の一、二等のみは座席指定制」という慣行ができ上がったのである。

戦後は、東京〜大阪間の特急として一九四九（昭和二四）年に「へいわ」が復活し、翌一九五〇年には一時間スピードアップした「つばめ」「はと」が登場した。これらの特急では、一等車と特別二等車は最初から座席指定であったが、三等車だけは最初は座席定員制であった。すなわち座席番号の指定はないが、定員数しか切符を売っていないので、必ずどこかには座れるという理屈であった。この「座席定員制」はやはり煩わしく、一九五五年に「座席指定制」に改正された。日本では一、二等車は空いていたので、「座席指定制」は実質的にはあまり意味のないものであったが、ちょっぴり余分に払ってでも座って行きたい人にとっては、まことに有り難い制度であった。

特急は結局、一、二、三等ともに座席指定制になったが、急行、準急、普通列車の三等車における座席指定制はどのように発展していったかを見ておこう。

一九四九（昭和二四）年、湘南電車編成を使って東京～伊東・修善寺間にデビューした週末準急「あまぎ」は、特急列車以外ではわが国で初めて座席定員制を導入した。座席番号はおろか、号車指定もない列車全体での座席定員制であったが、その後座席指定制になった。座席が保障されたうえ、準急ながら、東京～熱海間の所要時間は特急「つばめ」より速かったので、大変な人気であった。

一九五六（昭和三一）年にお目見えした上野～日光間のディーゼル準急「日光」は座席指定料を取らない座席指定列車で、これはライバルの東武特急電車を意識してのことである。この座席指定制は同線が電車化されたあとも継続された。一九五八年に登場した、天王寺～白浜間のディーゼル準急「きのくに」も「日光」と同じ要領の座席指定準急であった。このように三列車とも大都市圏からリゾートへ向かう列車であった。こういう列車の乗客はほとんど途中下車がなく、乗客が入れ替わらないので、座席指定制が運用しやすかったのである。

座席指定システム「マルス」の登場

さて、特急券や座席指定券が拡充されるのはよいが、コンピューターのない戦前および戦後は、その発券・購入は駅員・乗客ともに大変であった。一九五〇（昭和二五）年に乗車券センターが東京、大阪に設置され、一九五八年には札幌、仙台、静岡、名古屋、金沢、広島、門司の全国九ヵ所に広がった。この時点で、一日の取り扱いは全体で二万席、そのうち三分の一を東京が占めていた。各センターには、中華料理の丸テーブルのように中心部が回転するテーブルがあり、そこに座席台帳が整理されていた。

係員たちは電話連絡を受けては座席台帳を回転し、座席指定情報を確認・記入していったが、手間がかかり、間違いも多かった。

一九六〇（昭和三五）年になって、ようやく電算化の第一陣として自動予約システム「マルス」が導入され、まずは東京～大阪間の特急電車「第一こだま」「第二こだま」分を皮切りに、だんだんと適用範囲を広げていった。新幹線開業翌年の一九六五年にシステムが更新され、主要駅に「みどりの窓口」が設置され、乗客側からも電算システムが稼働していることが実感されるようになり、新聞各紙でも大きく報道された。ただしこの時点では、全座席指定席のうち、電算機でカバーされていたのはまだ七〇パーセントであったから、まだ大変な手作業が残り、間違いも生じていた。

コンピューター化前の東京駅乗車券センター

1965年に全国の主要駅に設けられた「みどりの窓口」

現在はそれから半世紀も経過し、コンピューターの進歩は著しい。システムがどこまで進んだか、概観だけしておこう。

「マルス」とはMARS = Multi Access Reservation Systemの略号で、一九六〇（昭和三五）年に始まって以来、一九六四年の新幹線開業時、一九七二年、一九八五年といった節目ごとに進化発展してきた。それが一九八七年のJRへの民営化で拍車がかかった。少し古いが、二〇一〇年現在のマルスの運用概要をご紹介しよう（表7－1）。

何だか厖大過ぎてピンと来ない数字であるが、約半世紀の努力で到達したラインである。

ところで、「みどりの窓口」で我々が買い求めるのは、たいてい座席指定券であるが、自由席券にも留意しなければならない。

すべて座席指定では効率が悪い

一九六四（昭和三九）年の東海道新幹線の開業当初は、東京〜大阪間、東京〜名古屋間の長距離ビジネス客が多かったが、東京〜熱海間といった近距離行楽客も結構あって、熱海以遠はガラガラになる列車も出てきた。この近距離客のために普通車のすべてを座席指定にしていては効率が悪いと気がついた国鉄は、一九六五年五月から「こだま」に自由席車を設けた。折角ある座席指定制を否定して旧来の混雑物語に逆行するのではなく、もっと自由な座席確保を狙ったものであった。よしんば列車に飛び乗った結果、運悪く座れなくても、速くて

表7-1　マルスの運用概要（2010年現在）

活動項目	対象券目・対象数値
取扱い券種	乗車券、座席指定券、自由席券、定期券、旅館・ホテル券、航空券、レンタカー券
座席在庫数	約100万座席
接続末端数	約9,000台
1日平均発券枚数	約160万枚
1日平均発券金額	約70億円
1日平均コール数	約370万コール

短時間だからこれでいいやというケースも担保されている。そもそも国鉄の幹部は、新幹線の開業当初は、基本的に自由席主体のシャトル・サービスだと考えていたようで、次の新聞記事からそれが窺える。

「新幹線は自由席に改めたい」国鉄副総裁語る――磯崎国鉄副総裁は十一日の記者会見で「国鉄の急行料金制度や東海道新幹線乗車券の発売方法について苦情が多いので、これらを再検討し、サービスを改善したい」と次のように語った。〈中略〉東海道新幹線の乗車券発売方法改善・新幹線の列車は原則自由席制とし、乗客が集中する一部の時間帯の列車だけを指定席制とするよう改めたい。できれば列車が大幅増発となる十月ごろから新方式にきりかえたい。

（「朝日新聞」一九六五年三月一二日付）

ただし現実を見ると、座席を確保して乗りたいという乗客は多く、約三分の二の乗客が座席指定を希望し、三分の一が自由席で構わないといった按配だったようである。むろん、乗車区間、旅行目的、季節、体調など、同じ人間でもいろいろな場合があるのは避けられない。

5

豪華列車に見る究極の接遇

ここまでは、主として鉄道側によるサービスや運用面など、いわゆるソフト面を見てきたが、ハード面もまた重要で、両々相俟《あいま》って成り立っている。ここではその代表として、豪華列車における接遇を簡単に見ておきたい。

豪華列車のサービスは乗車前から始まる。一九〇二年に登場し、六〇余年にわたってニューヨーク～シカゴ間の特急として君臨したニューヨーク・セントラル鉄道の「二〇世紀特急」のような列車の場合、コンコースには、乗客を迎えるために列車名入りの大きな看板のアーチが設けられていた。アーチをくぐってホームに導かれると、そこには赤い絨毯が敷かれていて、乗客はもう夢見心地である。こういうお客の虚栄心をくすぐるような扱いは〝レッド・カーペット・トリートメント（Red Carpet Treatment）〟と呼ばれた。さすがショウ・ビジネスの国アメリカである。

プラットフォームではポーターが笑顔で出迎え、荷物を受けとって席まで案内してくれる。大きな荷物は

プルマン社のポーターサービス

荷物室で預かってもらい、客室内には小型スーツケースだけで入るのがスマートらしい。乗車して落ち着くと、軽いリフレッシュメント（飲食物）を出してくれるし、ベッドメイキング、モーニングコールはもとより、食堂車の予約、ルームサービス、靴磨き、洋服のプレスまで手配してくれ、至れり尽くせりである。食堂車のオープニング時に、制服を着たウェイターが両側で整列して迎えてくれるのも、気持ちの良い儀式である。

食堂車の出迎え

食事時の応対もスマートで、食後のバーには小型グランド・ピアノがあって、ムードを高めてくれる。プルマン社ではこういうサービスのために、白人の車掌の下に黒人のポーター、イタリア系やカリブ系のシェフやウェイターなど、列車単位でチームを組む。一九世紀後半は南北戦争も終わり、南部の農場で働いていた黒人はしだいに工業化・商業化された北部に移って新しい職種を求めはじめたので、プルマンのポーターへの黒人雇用はタイミング良くマッチした（ジョージ・プルマンは黒人雇用に貢献したという人もいれば、黒人を低賃金で長時間労働させたとの批判もある）。なお一九二五年の移民法改正で、この頃から新しく入ってきたフィリピン人は、明るい性格もあってプルマン社のポーターには随分雇用された。

心を弾ませる鉄道ポスター

先に豪華列車のサービスは乗車前から始まると書いたが、乗客が列車に乗車するずっと前から意識させられるものがある。乗客を旅行に誘うポスターの類である。当時の名だたる豪華列車は、それぞれポスターを用意していた。オリエント急行が走りはじめて間もない一八八八年、この列車に携わる英仏五鉄道会社が共同で作ったポスターは、ボスポラス海峡を望み、尖塔《ミナレット》が建つイスタンブールの鳥瞰図が真中に大きく描かれ、パリからコンスタンティノープルに至るコースが案内されている。

パリから夜行でニースに向かう豪華列車トラン・ブリュの場合、当時ヨーロッパで最もリッチなイギリス人乗客を南の海岸に誘引するため、イギリスの旅行社トマス・クック社が美しいポスターを作っている。真っ青な空の下、リヴィエラの海岸には多くの人々とパラソルが群れ、沖にはヨットが浮かんでいる。海岸をはるか高く跨ぐ石橋上には、煙をたなびかせながら列車が走っている。霧雨の煙る六月のロンドンで、今年の夏を何処で過ごすか、楽しい思案を巡らす人たちをときめかせるに十分な宣伝手法であったろう。

日本では、レッド・カーペット・トリートメントという言葉が当てはまるようなシーンやサービスは、戦前にはほとんど見当たらず、しいて言えば、東京～下関間を走る欧亜連絡特急「富士」が当てはまるであろうか。〝シェフ・ドゥ・トラン（Chef de Tran）〟という腕章を付けた外国語に堪能な車掌が、一等客や外国人客にサービスを提供し、またこの列車に限り、ポスターを作って雰囲気作りと差別化に努めていた。ただ、欧米のそれと比べると本格的とは言えず、日本における「レッド・カーペット・トリートメント」は、最近新幹線に設けられた「グランクラス」のサービスや、あとでご紹介するJRの豪華クルーズ三列車から始まったというのが妥当であろう。

6　通信サービスの変遷

電報取扱があった頃

昔は乗客として一旦列車に収まった以上、目的駅で下車するまでは、外界との情報交信などやる術《すべ》もなかったし、考えもしなかった。

やがて、時期は定かではないが、やがて車内外の連絡ツールとして電報が登場する。車内乗客からの電報の依頼は、専務車掌または乗客掛が電報の字数を確認し、電報料金を計算のうえ料金を収受し、電報取扱駅ホームの所定の場所にいる電信掛に伝達を依頼した。逆ルートにして、車外から車内の乗客への電報も可能であった。なお、停車駅が少ない区間では、砂袋付きの通信筒に頼信紙を入れてプラットフォームに投げ出し、駅の係員がそれを回収した。一九五五年頃であったか、小倉から神戸に向かって特急「かもめ」に乗り、岡山あたりを走行中であったか、車内放送があって私の名前を呼ぶではないか。何事かと緊張して車掌室に行ったら、何のことはない、親戚が神戸駅に迎えに行くからというだけの電報であった。昭和三〇年代までは、このような原始的な方法がとられていたのである。

列車電話の登場

日本初の列車電話は、一九五七（昭和三二）年に大阪〜名古屋間を走る近鉄特急車内に設置され、車中から大阪市内、名古屋市内との通話が可能となった。近鉄では一九七五年この電話サービスを一旦中止するが、一九八八年に再開し、車内から日本国内全域にかけられるようになった。

国鉄では東京〜大阪間を六時間半で結んだこだま型特急電車に一九六〇年に電話が設置された。ただ車内電話機にダイヤルはなく、交換手に相手方の電話番号を言ってつないでもらうといった初歩的なスタイルであったし、無線方式だったので、トンネル内や山間部の走行時にはかかりにくく、また通話可能地域も東京圏、名古屋圏、大阪圏に限られていた。一九六四年に開通した東海道新幹線にも翌一九六五年に電話が設置されたが、在来線と同じ方式であった。ちなみに、列車と運転司令室との間の電話は、一九六六年頃にようやく一部区間で導入されている。

一九八〇年代後半になると、プリペイドのテレフォンカードの普及に合わせて、国鉄でも私鉄でもテレフォンカード専用の車内電話機が、新幹線、特急車両、そして一般車両にもしだいに広がっていった。しかし二一世紀に入って携帯電話が普及すると、地上の公衆電話同様、列車内の電話も消滅していった。今は新幹線のみにプッシュフォン化された電話機が若干設置されているのみである。

ここまで車内から車外へかける電話について述べたが、車外から車内にかける列車着信電話のサービスも行われてはいた。列車外から列車内に電話をかける場合、一般電話から一〇七番へかけ、オペレーターに列車番号と相手の名前を伝えて、いったん電話を切る。列車側では委託された客室販売員が乗客を呼び出し、乗客は一〇分後にオペレーター側から電話を受けて通話する。したがって少なくとも、乗客が降車駅に到着する一〇～一五分前にかける必要がある。手数料は一〇〇円であった。

Wi-Fi時代に突入

列車内の通信手段として、近年とみに需要が増しているのは、公衆無線LAN（Wi-Fi）サービスである。東海道新幹線では二〇〇九年から公衆無線LANサービスを実施してきたが、これは誰でも使えるものではなく、別途に公衆無線LAN事業者と契約を結ぶ必要がある。しかも、その回線は線路近傍に既設の漏洩同軸ケーブルであるから通信速度は十分とは言えず、一編成で毎秒二メガビットとかなり遅い。ビジネスマンはもちろん困るし、訪日外国人観光客数が年間三千万人と急増している現今、これは放置しておけない問題である。

と思っていたら、本書執筆中に二〇一八年夏から新幹線車中での無料Wi-Fiサービスを実施するとの報道があった。東京オリンピックを前に、JRグループ各社ともに整備を急ぐという話である。

なお、日本の列車内Ｗｉ－Ｆｉサービスは海外からひどく遅れていると言われることがある。たしかに欧米諸国と比べると、情報インフラの整備で一歩先んじられている感はあるが、ドイツのＩＣＥ車内には二〇一六年から、フランスのＴＧＶ車内には二〇一七年から設置が始まったようであるから、最近の一～二年のことである。今後の巻き返しを期待したいところである。

7 駅におけるホスピタリティ

駅舎のタイプ

鉄道が儲かっていた一九世紀から戦前にかけて、鉄道側も競争のため、威信のため、立派な駅舎を建てていった。ただし、それまでの公共建築――教会、美術館、市庁舎、銀行、劇場、デパートなど――と大きく異なる点があった。人々が忙しく行き来する駅舎では流動式機能が求められたのであり、どんなレイアウトがよいのか、しばらくは試行錯誤が続いたのである。

欧米では頑丈な石造りの市街地が形成されていたため、あとから建設された長距離鉄道の駅は必然的に市街地周辺に設けられ、行き止まりのターミナル駅（終着駅）になることが多かった。このため一九世紀後半には、正面玄関からコンコースを経て、アーチ型屋根付きプラットフォームに一直線で進むレイアウトが一般化した。大都市のターミナル駅には待合室、売店、食堂などが設けられたし、一部の駅舎内にはホテルも設けられた（ロンドンではパディントン、ヴィクトリア、チャリング・クロス駅）。駅舎自体が街の交通の結節点として、またシンボルとして威容を誇るようになったのである。

何事も欧米を追いかけていた日本の鉄道駅舎も例外ではなく、新橋駅、名古屋駅、京都駅、大阪駅なども建設当時は目立っていたが、改築を受けるにつれて姿を変えていき、もともと小規模で、通過駅タイプが多いこともあって、欧米のような巨大かつ壮麗な駅舎建築は少ない。

一九一四（大正三）年に開業した東京駅は、欧米にひけをとらない大規模な赤レンガ造りの駅で、待合室、食堂、ホテルなどがセットとして建てられた。ただしプラットフォームは駅舎と直角になる終着駅タイプではなく、水平に来る通過駅タイプである点はご承知のとおりである。欧米式の終着駅タイプの駅は、日本では長距離幹線よりむしろ短距離を走る郊外電車の終着駅に多く見られ、阪急・梅田、南海・難波、東武・浅草駅などが該当する。

ロンドンのヴィクトリア駅（19世紀）

待合室

新幹線を中心に汽車旅が迅速化し、ファースト・トラベルが主体となった現在では、列車の出発を待ったり、出迎えに来た人と歓談したりする待合室の光景は、遠い過去の思い出の一コマに追いやられているかもしれない。しかし戦前や戦後しばらく続いたスロー・トラベルの時代には、駅舎や待合室などの諸設備はとても大事なものであり、鉄道快適化の一つの指標であった。

戦前は主要駅には必ず待合室が設けられた。待合室と言っても、現在のようにプラットフォームに設けられた小さなスペースではなく、駅舎内あるいは駅舎に隣接した比較的広い専用の部屋ないし空間である。大きな駅だけでなく中小駅にもそれなりに設置されており、駅舎の建設・改築に際しては待合室の所要面積にも意識が向けられていた。待合室の所要面積は、始発駅か中間駅か、一日当たりの乗客数、列車本数などを考慮した複雑な計算式も立てられていたくらいである。

東京駅1等待合室

ところで、まだ身分社会であった戦前は「一・二等待合室」「三等待合室」「婦人待合室」と分けられ、広さや豪華さに大きな差が付けられていた。その様子を語った短編から一部抜きだしてみよう。

彼を東京駅の三等待合室に座らせるには、少しばかりの説明が必要だった。一ことで云へば、彼女が彼と待ち合はせる場所として、そこを選んだのであった。彼女にしたところで、汽車の三等とは縁のない暮しをしている女ではないかと、彼は反対した。「一二等なら婦人待合室だってありますしね。三等の方だと目に立って困りますよ」「私が？——私がそんなに目に立つ女でせうか」それだけで彼は彼女のつつましやかさを素直に受け取った。しかし彼女と約束してさえ、東京駅へ来てみると、彼は真っ直ぐには三等待合室へ入って行けぬ男だった。

（『三等待合室』）

要は身分からいえば当然、一・二等待合室で待ち合わせるべき男女が三等待合室で待ち合わせる約束をしてしまった、成り行きと戸惑いが書かれている。それほどまでに、待合室の雰囲気はまるで違っていたのであろう。

一般庶民にはまるで関係がないが、かつて大都市の主要駅には、貴賓室というものもあった。主に皇族によって使用され、国賓接待にも配慮されたもので、この上なく上品な待合室である。なくなってしまったものも多いが、現在もJRグループや一部私鉄には、貴賓室が残っている駅もある。

東京駅の貴賓室

第8章

速達性の改善

——高速化と直通化

1 陸蒸気の脅威はその速さだった

昔から「時は金なり」と言うように、列車の速達性は「快適化」に含まれる重要な要素である。それはまた道中の宿泊、食事などにも関係するので、寝台車や食堂車のニーズと相関するものでもある。

こういう単純な理屈の以前、どこの国の人々も走り出した汽車を見て、まずはその速さに驚いたものであった。たしかに鉄道開通前でも、イギリスには時速一五キロを出す駅馬車が走っていたし、アメリカでもミシシッピ河などで河蒸気が時速二〇キロ程度のスピードで航行していたが、それはごく一部のことであった。だからイギリスで開通直後の列車のスピードは時速三〇キロ程度であったが、実際に見たり乗ったりした人々は、陸蒸気の恩恵を大いに称えたのであった。一九世紀フランスの詩人ヴェルレーヌの述懐をご紹介しよう。

> 汽車の窓から眺めるこの景色はもの狂るわしく走ること。野原も水も麦畑も樹木も空も一切が凄まじい渦巻の底に身を投げる。奇態な花押とも見える電線を張り渡したひょろ長い電柱も後から後から追いかけて
>
> (ヴェルレーヌ『よき歌』)

日本初の鉄道が一八七二(明治五)年五月に品川〜横浜間に仮開業した時は両駅を三五分で結ん

だから、表定時速はいきなり四四キロを印することになった。一〇月の新橋～横浜間の本開業時には所要時間は五三分で、表定時速は三三キロに低下したが、それでも十分速かった。

日本では近世まで人間を乗せる乗り物といえば、牛車か駕籠かその程度であった。江戸末期・明治初頭に出現した馬車や人力車は時速八キロ程度であったから、日本もご多分に漏れず、汽車のスピードは大変な衝撃を与えた。


横浜より東京まで行程八里に余れるを僅か五十四分にして至る。その疾き事風の如く、雲の如く、従来は巨万の金を放っても羽翼なくして至るに難きを既にかくの如きなれば、〈中略〉そもそも神武創業以来未だかかる盛行ありしを聞かず。

（「東京日日新聞」一八七二年九月六日付）


一八七四（明治七）年に大阪～神戸間が開通した時の所要時間は一時間一〇分で表定時速は二八キロ、一八七六年に開通した京都～大阪間は一時間二四分で結ばれ表定時速は二六キロと、新橋～横浜間の列車よりやや遅かったが、やはり関西人を驚かすには充分であった。

その後、列車の速度はますます上がり、所要時間も大幅に短縮されることになる。

2 東海道線の所要時間の短縮

こういう観点から、まず日本の大動脈である東海道ラインを中心にして、列車の所要時間の短縮が快適化にどの程度寄与したのか、定量的・定性的に検証してみよう。

東海道線の所要時間の推移

東海道線が日本の大動脈として威力を発揮したのは、一八八九（明治二二）年の新橋〜神戸間の全通以降であるから、ここでは一八八九年から二〇一七年まで、一二八年間の東京〜神戸あるいは大阪・新大阪間の最速列車の所要時間の推移を見る（表8－1）。

この所要時間の短縮の経緯は、三段階に分けて見ると理解しやすいであろう。第一期は全通した一八八九（明治二二）年から一九二九（昭和四）年までの四〇年間、第二期が鉄道省肝煎りの超特急「燕」がデビューした一九三〇年から新幹線が開通する一九六四年までの三四年間、そして第三期が新幹線の時代で一九六四年から今までの五〇有余年である。

第一期は今から見れば信じ難い低速度の時代ではあったが、それでも新橋〜神戸間の所要時間が二〇時間から一一時間半へと、実に四〇パーセント以上も短縮されている。列車の大型化が高速化や安定化に大きく寄与したといえるが、最初は単線区間が多かったのを、区間ごとに地道に複線化して一九二一年に全線が複線化されたことが重要である。大幹線として列車数が増えつつあるなか、上下列車の待避・交換が不要となる複線化は、高速化と輸送量増大に大きく寄与したのである。

表8-1　東海道最速列車の所要時間の推移

年	区間	備考	総距離	所要時間	表定時速
1889	新橋〜神戸	全線開通	608	20:05	30
1896	新橋〜神戸		608	17:09	35
1898	新橋〜神戸		608	16:27	37
1903	新橋〜神戸		608	15:00	41
1906	新橋〜神戸		608	13:40	44
1907	新橋〜神戸		608	13:10	46
1909	新橋〜神戸		608	12:50	47
1921	東京〜神戸	複線化完	608	11:50	51
1929	東京〜神戸		602	11:38	52
1930	東京〜神戸	超特急「燕」	602	9:00	67
1934	東京〜大阪	丹那開通	556	8:00	70
1949	東京〜大阪	特急「平和」	556	9:00	62
1950	東京〜大阪	特急「つばめ」	556	8:00	70
1956	東京〜大阪	全線電化	556	7:30	74
1958	東京〜大阪	電車化	556	6:50	81
1959	東京〜大阪		556	6:40	83
1960	東京〜大阪		556	6:30	86
1964	東京〜新大阪	新幹線開通	515	4:00	129
1965	東京〜新大阪		515	3:10	163
1985	東京〜新大阪		515	3:08	165
1986	東京〜新大阪		515	2:56	176
1988	東京〜新大阪	国鉄⇨JR	515	2:49	183
1992	東京〜新大阪		515	2:30	206
2007	東京〜新大阪		515	2:25	213
2015	東京〜新大阪		515	2:22	218

第二期は、一九三〇（昭和五）年の特急「燕」の登場により、まだ御殿場線ルートではあったが、東京〜神戸間は九時間（東京〜大阪間では八時間半位）にまで短縮した。以降も短縮は続くが、丹那トンネルの開通、戦時体制、東海道全線電化、電車化と、高速化にとってプラスマイナスの要素がいろいろあったが、結局、六時間半となった。従前と比べればけっこうな短縮であるが、狭軌や急曲線が多い東海道線では、当時はそれが限界であったともいえる。

第三期の新幹線の時代について詳しく説明する必要はな

いであろうが、少し補足すると、一九七五（昭和五〇）年には新幹線が東京〜福岡間（一〇六九キロ）に延長され、所要時間は六時間五六分（表定時速一五四キロ）であったが、それから四〇年余り経った二〇一七年現在では四時間四七分（表定時速二二四キロ）と大幅に短縮されている。

日本の独壇場であった高規格の新線という概念は、一九八一年に登場したフランスのＴＧＶをはじめ、各国も追随するところとなった。この時期の高速化の背景要素として大きいのは、国際的な競争の激化と、一九九〇年頃に電気列車の技術革新（小型軽量の三相交流モーターとＩＴ制御を駆使したＶＶＶＦの組み合わせ、軽量車体、空力学的な造形など）と思われる。

三四郎は名古屋で一泊必要だった

前表の区分でいえば、第一期にあたるが、夏目漱石が一九〇八（明治四一）年に書いた『三四郎』の冒頭部分には、まさにこの頃の汽車旅が生き生きと描かれている。旧制八高（熊本）を卒業し、東京帝国大学の文科に合格した三四郎が、熊本から上京する汽車旅において、車中で相客となった女と一緒に名古屋で途中下車して、旅館に宿泊する羽目となった有名なシーンである。

　女とは京都からの相乗りである。乗った時から三四郎の目についた。〈中略〉三四郎はからになった弁当の折を力いっぱいに窓からほうり出した。女の窓と三四郎の窓は一軒おきの隣であった。風に逆らってなげた折の蓋が白く舞いもどったように見えた時、三四郎はとんだことをしたのかと気がついて、ふと女の顔を見た。〈中略〉三四郎はともかくもあやまるほうが安全だと考えた。「ごめんなさい」と言った。〈中略〉この汽車は名古屋どまりであった。〈中略〉次の駅で汽車がとまった時、女はようやく三四郎に名古屋へ着いたら迷惑でも宿屋へ案内してくれと言いだした。一人では気味が悪いからと言って、しきりに頼む。〈中略〉なにしろ知らない女なんだから、すこぶる躊躇したにはしたが、断然断る勇気も出なかったので、まあいいかげんな生返事をしていた。

（夏目漱石『三四郎』）

結局、二人は名古屋の旅館の同室に泊まるが何事も起こらなかった。さて、当時はもう新橋～下関間直通列車も走るようになっていたが、その所要時間は二七～二八時間であった。熊本からだと門司～下関間の連絡船も入れて、乗り詰めでも東京まで一昼夜半の三六時間見当はかかったはずである。しかしそれ以外の列車に乗れば、やたらと「広島止り」「名古屋止り」などがあったのだから、三四郎は道中で、たとえば広島と名古屋で途中下車して二泊を要したと見るのが自然であろう。そうすると、合計六〇時間ほどかかっていたはずである。それに引き替え、今は熊本～東京間を新幹線で約六時間で直行できる。旅程は何と十分の一に短縮され、もう旅館代も要らない。物語が生まれる余地はなくなったかもしれないが、快適性は大いに向上したといえるであろう。

新幹線「こだま」の役割分担

一九六四（昭和三九）年の東海道新幹線開業時には、超特急「ひかり」と特急「こだま」が設定された。「こだま」のほうは各駅停車を基本に運転され、特急料金に値差が付けられた（特急料金の区別は一九七五年に全廃された）。近距離運行や「のぞみ」「ひかり」との乗り継ぎ輸送が主な役割と位置づけられている。

東海道では当初一二両編成であったが、「のぞみ」や「ひかり」との共用利便のため一六両編成となった。ただし旅客量の落ちる山陽道では六両編成ないし八両編成を主体にすることもあって、東京発の「こだま」は新大阪駅を越える列車は運行されず、基本的に東京〜名古屋間と東京〜新大阪間の運行である。ほとんどの駅で「のぞみ」や「ひかり」を待避するため、東京〜新大阪間の日中の所要時間は約四時間である。一方、同区間を早朝および夜間に走る無待避の「こだま」の所要時間の合計は約三時間三〇分であるから、約二時間三〇分の「のぞみ」より遅い一時間のうち、半分の三〇分強が待避のために生じているといえよう。

しかしながら、「のぞみ」と「ひかり」だけでは往来できない新幹線区間を「こだま」で行った場合の所要時間は、東京〜三島：約一時間／東京〜静岡：約一時間三〇分／東京〜浜松：約一時間五五分／新大阪〜姫路：約四五分／新山口〜小倉　約三五分と在来線よりはずっと速く、その存在価値は決して看過できない。

地下鉄並みの過密ダイヤ

乗客から見た鉄道の運用面における快適度のうち、到達時間＝所要時間（それは結局、表定速度と直接関係するが）や運賃はもちろん重要な要素であるが、運行頻度も実に大事な要素である。いくら高速列車であっても、待ち時間が長くなるなら値打ちは下がる。列車あたりの乗車定員も間接的には関係するが、大局的には列車運行本数のほうが大きく影響する。

東海道新幹線開業時、フランス国鉄の幹部は「新幹線は高速輸送かつ大量輸送体系だ」と喝破したというが、当時は一二両編成の「ひかり」と「こだま」が三〇分ごとに発着、一日当たりの運行本数は片道三〇本と、何とものんびりしていた。現在、私は新横浜駅から新幹線をよく使うが、発着掲示板が活発に動き、今下りの「のぞみ」が発車してホームを出て行ったかと思うと、自分の乗る次の「のぞみ」のライトが朝靄の中から近づいてくる。無理もない、今は一六両編成の列車の発着本数は三〇〇本を超え、開業時の一〇倍以上に達しているのである（表8－2）。

3　在来線のスピードアップ

先に主として新幹線による高速化のあゆみを見たので、今度は在来線の高速化の推移を最速列車の表定時速から見てみよう。まずは戦前の一九〇〇年、一九二〇年、一九三五年時点をチェックしているが、一九〇〇年の時点では全線開通し

表8-2　東海道新幹線の1日あたり運行本数と年間輸送人員（千人）の推移

年	運行本数	輸送人員	特記事項	備考
1964	30本	20,000	開業年	「ひかり」で4時間
1965	55本	40,000	大幅スピードアップ	「ひかり」が3時間10分
1975	—	97,000	東京～福岡間全通	
1987	235本	101,000	国鉄民営化	全線JR東海が運行
1990	260本	—		
1993	270本	—	大幅スピードアップ	「のぞみ」創設2時間30分
1995	270本	148,000		
2000	290本	—		
2005	290本	138,000	2003年品川駅開業	
2010	310本	—		
2015	310本	147,000	2011年九州新幹線	

ていた幹線は数えるほどしかなく、たとえば山陽線は神戸〜広島間しか開通していなかった（表8-3）。

一九〇〇（明治三三）年時点の各線の表定時速を比べると、山陽線（当時は山陽鉄道）の神戸〜広島間の列車が時速四〇キロと日本では断然速かった。むろん鉄道省も日本列島の大動脈たる東海道線の速度向上に努めており、一九二〇年、一九三五年の時点では他線を大幅に上回っている。それに引き換え山陽線のスピードはじれったい程度にしか上がっていない。一九二〇年時点では他線に追いつかれ、一九三五年時点では常磐線の上野〜仙台間にも抜かれ、東北線、高崎線にも追いつかれている。山陽鉄道を引き継いだ山陽線は、他線に比べて線路規格や線形は良いはずで、どうして山陽線が相対的に立ち遅れてきたのか、鉄道省は怨念でも持っていたのかと、勘ぐりたくもなる。なお、主要幹線とはいえ、戦前はほとんどすべてSLが列車を牽引していた。

戦後の在来線のスピードアップの軌跡も見ておこう。戦前の主要幹線の全区間あるいは一部区間では、新幹線の開業にともなって、直行する特急や急行列車は廃止されてしまい、最新の在来線の表定速度を見ることができない。そこで、まだ新幹線の通って

表8-3　戦前の在来線の表定速度の推移

区間	1900年			1920年		1935年	
	距離(km)	時間	表定(km /h)	時間	表定(km /h)	時間	表定(km /h)
上野〜青森	735	25:10:00	29	17:30	42	13:30	54
上野〜仙台	365	12:45	29	10:06	36	5:50	62
上野〜高崎	101	3:13	32	2:32	40	1:49	56
東京〜大阪	573⇨556	16:20	35	10:57	52	8:00	70
神戸〜広島	305	7:36	40	7:08	43	5:25	56
名古屋〜湊町	172	5:38	31	5:47	30	4:04	42
門司〜八代	231	9:15	25	5:25	43	4:36	50

いない線区に絞って、戦前、一九六〇年、二〇一〇年と三時点での表定時速の推移を一覧表に整理してみた(表8-4)。

全般的に見て、二〇一〇年時点のスピードは、戦前の一・五倍から二倍になっていることが見てとれる。こうしたスピードアップの最大要素は、戦前のSLからディーゼル化ないし電化という動力革命であるが、路線の複線化と改良強化も大きく寄与している。地形に着目すると、平坦線より山岳線のほうがスピードアップ率が大きい。これも動力革命によるところが大きいが、車体傾斜装置を付けた振り子列車の導入による効果も少なからずある。

飯田線は戦前から電化されているが、曲線、勾配、駅数が多く、今でも高速化は難しい。一方、平坦線で、戦前からかなり速かった常磐線や羽越線のスピードアップは

図8-4　在来線の表定速度の推移(戦前・戦後比較)

区間	距離	戦前		1960		2010	
		時間	表定(km/h)	時間	表定(km/h)	時間	表定(km/h)
函館～札幌	285→319	6:20	50	4:30	64	3:00	106
八戸～青森	96	1:40	57	1:26	67	0:56	103
鶴岡～秋田	132	2:40	50	1:55	69	1:44	76
新発田～秋田	246	4:45	52	4:44	52	3:14	76
上野～いわき	212	3:12	66	2:35	82	2:06	101
新宿～松本	241→/225	5:54	41	4:36	52	2:38	91
名古屋～長野	251	7:07	35	4:50	52	2:43	92
岐阜～高山	136	3:38	38	2:27	56	1:58	69
飯田～豊橋	129.6	4:13	31	2:52	45	2:28	53
大阪～金沢	294.4/267.6	5:58	49	4:11	70	2:30	107
天王寺～新宮	262	Nil	Nil	4:37	57	3:35	73
大阪～鳥取	257.8/210.7	5:07	50	4:09	62	2:32	83
鳥取～米子	92.7	1:41	55	1:22	68	0:57	98
高松～松山	194.4	4:16	46	2:55	67	2:23	82
博多～熊本	118.4	2:20	51	1:48	66	1:13	97

比較的緩い。また、戦前は主要幹線重視主義に立って地方路線のスピードアップは後まわしであったが、近年は、物理的に高速化が可能な線区はどこでもそうするというふうに鉄道政策が大きく変わってきているように見える。函館本線や北陸本線がこんなにスピードアップするとは、戦前では考えられなかったことである。

こうした全国的なスピードアップのなかでとくに注目したいのは中央西線・篠ノ井線の名古屋～長野間である。戦前に比して二・六倍のスピードアップを達成している（表8－5）。

大きな要因は、やはり列車がD51型牽引のSL列車からディーゼルカーへ、さらに振り子式電車への転換、いわゆる動力革命のように見える。それぞれ時速で二〇キロも引き上げているように見えるし、それは間違いではない。しかし、一九六五（昭和四〇）年頃までは全線ほとんど単線であったのが、一挙に複線化工事が進み、今は八〇パーセントに達したことも、もう一つの大きな要因である。輸送量の増大と複線化は鶏と卵の関係にあるが、輸送量の上がった今、もし昔通りの単線であったなら、いくら動力革命があっても、この表定時速九二キロはとても達成できなかったはずである。

表8-5　名古屋～長野間最速列車の速度向上の推移

年	列車種別	所要時間	表定時速 (km/h)	車両編成	全線電化	複線化率
戦前	準急	7:07	35	SL（D51牽引）	×	0
1953	準急	5:35	45	SL（D51牽引）	×	0
1959	急行	4:35	55	DC（キハ55系）	×	0
1961	急行	4:35	55	DC（キハ58系）	×	2%
1968	特急	3:58	64	DC（キハ181系）	×	53%（133.2km）
1973	特急	3:20	76	EC（381系振り子）	○	74%（185.5km）
1975	特急	2:53	86	EC（381系振り子）	○	75%（189.8km）
1996	特急	2:43	92	EC（383系振り子）	○	80%（201.8km）

4 「乗り換えなし」は大きな福音

速達性の向上要因としては、列車や線形の改良のほか、「乗り換えの解消」もある。大きく括れば「直通列車の運行」ということになる。それはさらに、乗り入れによって駅における列車の乗り換えが解消したケースと、従来海峡で連絡船の乗り換えが不可避だったのが、長大なトンネルや橋梁を通る鉄道で結ばれたケースに分けられよう。乗り換えがなくなると、所要時間の短縮はもちろん、気苦労と肉体的消耗がぐんと軽減される。すなわち、これも苦痛から快適への転換の一側面といえよう（表8－6）。

東海道・山陽線直通列車の成立

これらの中で圧倒的に重要なのが、東海道・山陽線直通列車である。現在の新幹線の運行からもわかるように、東海道・山陽線は基本的に一本の繋がった路線であって、神戸・大阪・新大阪駅は途中駅であると見たほうが実態に近いかもしれない。

元来、官営の東海道線と、民営の山陽鉄道と運営主体が異なっていたので、直通列車の運行は簡単には行かなかったが、一八九四（明治二七）～九五年の日清戦争時には新橋～広島間、一九〇四～〇五年の日露戦争時には新橋～下関間に、兵員や物資の輸送のため、臨時直通列車が頻繁に運行された。一九〇五年には一般客を乗せる急行1・2列車も新橋～下関間に運行されたが、この時は三ヵ月で終わっている。そして一九一二年になって、初の本格的直通列車として、展望車を連結した特急1・2列車が登場した。

その後は特急だけでなく、急行の直通列車もだんだんと増えて行き、戦時の一九四二（昭和一七）年に関門トンネルが開通すると、東京から九州行き急行も誕生し、特急「富士」の運転区間は東京から長崎まで延長された。

戦争が激化すると、さすがに東海道・山陽線直通列車は一時停止されたが、戦後間もなく東京から広島行き、博多行き、熊本行き、鹿児島行きなどの直通急行列車が誕生し、一九五八年以降のブルートレインに引き継がれた。

直通列車の恩恵

さて、華やかな東海道・山陽線直通列車の次は、ぐんと渋いところをご紹介しよう。上野〜郡山〜会津若松〜新潟間を東北線・磐越西線・（信越線）経由で走った直通列車である。上野〜新潟間の鉄道というと、今は上越新幹線、その前は上越線、その前は信越線と思われている方が多いであろうが、必ずしもそうでなく、注釈を要する。

というのは、信越線が一八九三（明治二六）年に全通したことにより、上野〜新潟間は直行できるようになったが、

表8-6　主な路線における乗換の解消

分類	事例	実現年	備考
相互乗入	東海道・山陽線直通	1912	特急⇨急行も⇨戦後もブルトレなど直通列車は多数
	東北・磐越西線直通	1914	上野〜新潟間直通夜行列車⇨戦後の観光特急など
	近鉄名阪間	1959	広軌への統一化で伊勢中川での乗換解消
	山形新幹線開通	1992	奥羽線を広軌化して東北新幹線と福島で相互乗入
	秋田新幹線開通	1997	田沢湖線を広軌化して東北新幹線と盛岡で相互乗入
海峡横断	関門トンネル開通	1942	下関〜門司間の短絡
	青函トンネル開通	1988	青森〜函館間の短絡
	瀬戸大橋開通	1988	児島〜坂出間の短絡

途中に碓氷峠というネックがあるため、所要時間がきわめて長かったのである。一九一四(大正三)年に磐越西線が開通すると、さっそく上野〜新潟間に同線経由の直通列車が運転されるようになり、これは信越線より速かった。このため、寝台車を連結した磐越西線経由の夜行直通列車が重宝がられた。

ところが一九三一(昭和六)年に距離、所要時間ともに勝る上越線が開通すると、上越線が主役になったことはいうまでもない。ただ、戦後も上野〜会津若松間の特急、仙台〜喜多方間の快速列車などが運行されたので、東北線と磐越西線の直通列車は地味ながら一つの存在感があった。同様に、複数路線に跨る直通列車は、中部、近畿、中国、九州地方にも散見されると思うが、紙幅の都合で省略させていただく。

東北・秋田新幹線連結車

国鉄の分割民営化後、一九九〇年代には、山形新幹線と秋田新幹線も誕生した。いずれも在来線側(奥羽線、田沢湖線)を広軌に拡幅工事して、新幹線の乗り入れ直通を果たしたものである。東北新幹線区間の最高時速が三二〇キロであるのに対し、拡幅在来線区間は最高時速一三〇キロというギャップはあるが、これは何とも致し方ない。それでも、乗り換えが不要になって東京駅から目的地まで直行できるのであるから、利便性は大きく増大したといえる。

しかしながら、乗り換え解消の最大の福音は、単なる直通列車の誕生より、海峡横断直通列車の誕生であろう。戦時中の一九四二（昭和一七）年に開通した関門海峡トンネル、そして一九八八（昭和六三）年に相次いで開通した青函トンネル、瀬戸大橋の時間短縮および快適性向上への貢献は計り知れない。

以上、日本における直通列車の福音を述べてきたが、海外では直通列車のニーズにどう対応しているのか、代表的な例を見ておこう。

フリーゲージ・トレインの可能性

陸続きのヨーロッパ各国では、必然的に陸路で国境を越える需要が発生する。ゲージサイズが同じであれば、あとは運行ルールや出入国の管理などを統一すれば良い。乗客は乗り換えすることなく、列車に乗ったままで国境を越えられる。しかし、ゲージサイズが異なる場合はそうは行かない。この場合には、乗客は国境の接続駅でいったん下車して、別の列車に乗り換える必要があるのだが、解決策は他にもあった。**表８－７**をご覧いただきたい。

このうち、スペイン独自で開発されたタルゴ式列車のことはお聞きになったことがあるかもしれない。自動ゲージ変換装置（ガイド・レール）区間を低速で通過すれば、自動的に列車の両輪間の長さがゲージに対応するという方式で、フリーゲージ方式と呼ばれている。車輪は一軸独立、すなわち左右車輪をつなぐ車軸が存在せず、曲線における内輪差による車輪の偏摩耗を防いでいる。な

表8-7　ゲージサイズの異なる海外の直通列車の例

国境	ゲージ対比	列車例	接続駅	直通方法
中国／カザフスタン	1435：1520	北京〜モスクワ	阿里山	ジャッキによる台車交換
ポーランド／ロシア	1435：1520	ベルリン〜モスクワ	ブレスト	ジャッキによる台車交換
フランス／スペイン	1435：1668	パリ〜マドリード	イルン	フリーゲージ方式（タルゴ）

お、現時点でフリーゲージ方式を実用化しているのはタルゴ社だけであるが、近々スイスでも実用化される見通しである。

フリーゲージ方式の研究は日本でも進められている。在来線にも直通できる新幹線車両の開発である。ＪＲの鉄道総合研究所で一九九四（平成六）年から開始され、各地で試験走行されてきた。技術的な目処はほぼ立っているように見えるが、なかなか実現しそうにもない。

欧米と違い新幹線と在来線が併存する日本では、意思決定さえすれば、新幹線から在来線に乗り入れ可能な接点や路線はいくらでもある。すなわち日本こそフリーゲージ・トレインの潜在需要が最大であるはずである。しかし、話はそう簡単ではないらしい。

二〇二二年開業予定の長崎新幹線にフリーゲージ・トレインの導入が検討されていたが、ＪＲ九州は導入の断念を発表した。理由は大きく言って二つある。一つは、フリーゲージ・トレインの開発スケジュールに遅滞が生じたため、二〇二二年の開業予定までに間に合わないこと（試験車両での耐久走行試験中に車軸の摩耗などが判明した）。もう一つは、対費用効果である。フリーゲージ・トレインの場合、従来の新幹線車両よりも二倍ほどコストがかかるため、ＪＲ九州にとって大前提である収支採算性が成り立たないという。全線フル規格で建設した時の費用対効果と比較しても分が悪く、残念ながら、どうにもならない感じである。もっとも、全線フル規格で建設する時の費用負担の割合では議論が難航しそうであり、予断を許さない状況である。

第9章 安全性の向上
——災害・事故への対策

1 自然災害への対策

水害に弱かった日本の鉄道

梅雨時や秋の台風シーズンになると、山間部のローカル線は大雨で線路が崩壊して長期間不通となることがあるが、現今では、新幹線や在来線の幹線の場合、一時的な不通や遅れは生じるものの、比較的短時間で復旧される。ところが明治時代以来戦前は、東海道線をはじめ、各幹線が大雨で何日間も不通となることがしばしば起こった。一八九六（明治二九）年、東海道線が一八八九年に全通してから七年後の状況を振り返っていただきたい。

去る七日より八日に渉れる中部地方の大雨は実に非常の激甚なるものにて、独り本邦のみならず海外においても多く見ざる程なりとは前号号外に掲げし如くなるが、今各地より達せし電報を左に列挙す。

（愛知）：各川洪水のため名古屋近傍西部各郡田面湖水の如し、橋落ちて四方通路を断り。木曽川筋五カ所破壊せり。

（茨城）：風雨止まず、那珂川で二丈、鬼怒川で一丈七尺、赤城川で一丈三尺五寸何れも出水。

（新潟）：一昨夜来の降雨にて信濃川出水し破壊せし箇所再び破壊浸水。阿賀野川又増水中。

（盛岡）：北上川の出水一丈余、沿岸の家屋浸水無数、今なお増水の模様あり、郵便・電信集配

です。

汽車は東海道、関西、日本、両毛など皆線路に障害ありて不通となり、電信も大抵不通。よって昨日来は各地に至急の用事を弁ずるの途全く絶え、旅客・郵便物などの関西に向かうものは僅かに汽船によるの便あれども、東北の方は日本鉄道・古田より先は当分不通。これがためにその便なく旅客その他の運輸上に及ぼせる影響は実に少なからざるなり。

（「東京朝日新聞」一八九六年九月一〇日付）

そもそも日本の河川がきわめて氾濫しやすい理由は、やはり日本の地勢・地形によっている。それを象徴する指数が「河況係数」というもので、河川における年間の最大流量と最小流量の比を表したものである（ただし海外では、年間ではなく過去の最大流量と最小流量の比を使うこともある）。同じ河川でも上流と下流では値が異なるし、ダムの近辺ではこの値は小さくなるので、この数値は測定地点を一定にして測る必要がある。山岳地帯の急流や乾燥地帯の河川ではこの値が大きく、平地を流れる大河では値が低い。ちなみに日本と海外の主要河川の河況係数を並べると次のようになる（表9－1）。

大雑把に見ていただくと、日本の河川の河況係数は海外の河川に比べて一桁は大きいことがはっきりする。こういうありさまであるから、川の水が溢れる洪水は、江戸時代までは不可抗力の天災として身を委ねるしかなかったのである。明治に入ると、河川行政の必要性が認識されて「河川法」が制定され、治水管理が進められた。しばらくの間は舟運や灌漑用水の確保などが重視されたため、河川の浚渫《しゅんせつ》や流路の変更などの「低水工事」が主体であった。

やがて鉄道の伸展によって舟運は衰え、河川沿岸の工場・住宅地などの開発が進むと、洪水の被害をいかに最小限に食い止めるかの「高水工事」に主体が移っていった。以前は河川の舟運が大事だったので、やたらとダムを造れなかったが、その制約もなくなり、堤防は補強・かさ上げされていった。こうした近代的治水技術はオランダなどから導入された。鉄道側も、水流に強い頑丈な橋梁の架橋をするなどの努力はしてきたが、それ以外は行政に頼らざるを得なかったのである。

　そのお陰で洪水はしだいに減っていったが、戦前は技術的にも資金的にも十分な治水工事ができなかったので、洪水が起こるや、鉄道線路がずたずたになることも珍しくなかった。このあたりの状況を数値で示せないか調べたところ、戦前は「水害による冠水ヘクタール面積」、戦後は「水害による鉄道破壊箇所数」といった統計で趨勢が見られることがわかったが、ここでは表の掲載を省略する。結論だけをいえば、水害は自然災害であるから年々大きなばらつきはあるものの、大きく見ると、明治

表9-1　日本と課外の主要河川の河況係数

地域	河川	計測地点	河況係数
日本	利根川	栗橋	860
	最上川	新掘	300
	信濃川	小千谷	120
	北上川	一関	160
	木曽川	犬山	200
	淀川	枚方	110
	筑後川	久留米	320
アメリカ	ミシシッピ	ミネソタ	120
	ミズーリ川	カンサス	70
ヨーロッパ	テムズ川	ロンドン	8
	セーヌ川	パリ	20
	ライン川	ケルン	20
	ドナウ川	ウィーン	4
アフリカ	ナイル川	カイロ	30

期以降、治水が進むにしたがって、鉄道施設の被害も少しずつ減ってきている。

木造車両の脆弱性

一九二二（大正一一）年二月四日、北陸線の糸魚川～青海間の勝山トンネルにおいて雪崩による大惨事が起きた。先頭の機関車と次の郵便車までは無事であったが、三両目の客車は屋根が飛ばされて車体が大きく破損、四両目、五両目、六両目の客車三両は全く雪に埋没、粉砕されてしまった。

北陸線勝山トンネルの雪崩大惨事起こるや糸魚川町の消防組は警鐘を乱打し総出動、臨時列車で現場に急行し同町の医師も総出で救護及び発掘に努めているが、四日午後四時までに発掘した死体は七十九に及び重軽傷者三十三名をも救い出し、なお引き続き発掘中である。而《しこう》してこれらの死傷者は救援列車によって糸魚川駅に送りつつあり、同駅構内は死屍累々と積み重なりその周囲に数百名の遺族が号泣している有様は目も当てられず、一方高田知命堂病院に収容された重傷者中にも絶命する者多く、腹をえぐられ頭をそがれ、軽傷者でも腕を折っている負傷中割合に元気な佐藤治郎作は語る。「私らは作業を終わり親不知に集まり七時半糸魚川に向け列車に乗ったが勝山トンネルの入口で俄然第一回の大雪崩と共に音響を聞いたがその後は人事不省に陥り唯夢を見ている心地でした。その内第二回の大雪崩と沢山の人の叫び声が現に聞えたが、私も糸魚川で介抱を受け初めて気がつきました始末です。

（「東京朝日新聞」一九二二年二月五日付）

一見防ぎようもない自然災害であるが、人災でもあった。というのは、当時の客車はすべて木造で、これが車体の大破損を招いた要因である。事故の状況からすると、鋼鉄製車両でも無事では済まなかったであろうが、これほどまでの被害は出なかったであろうし、少なくとも木造車両のように粉砕まではされなかったであろう。

木造車体の脆弱さを露呈する事故は山手線でも起こっている。一九三六（昭和一一）年六月二日午後夕刻、秋葉原〜神田間で山手線の電車が停車していたところ、京浜線の桜木町行きの電車が猛烈な勢いで追突し、双方の電車が大破したのである。幸い死者はなかったが、重軽傷者五六人が出た。注目したいのは車両の破損状況で、京浜線三両目の木造車が滅茶々々に大破したのに対し、両側の鋼製車の被害は軽微であった。当時、木造車の製造はもう終わっていたが、輸送力確保のためにはまだ一部必要で、山手線の約三分の一が木造車であった。日本の客車や電車の車体の鋼体化は一九二五年あたりから始まっていたが、全車鋼鉄化までにはさらなる時間を要したのである。

2 日本の鉄道事故の歴史

一八三〇年、イギリスにおける世界初の営業列車で早くも人身事故が起きているように、鉄道事故はなかなか避けられない宿命にある。ただその原因と中身は時代とともに大きく変遷している。日本よりずっと早く一八三〇年代に鉄道の敷けた欧米諸国では、ボイラーの爆発とか車軸の破損な

三河島事故

どによる大事故が頻発した。こういう事故はまだ技術水準が幼稚であった時代に止むなく起こるのであるが、日本で鉄道が開業した一八七二年時点では世界的にこういう事故は少なくなっていた。

日本で起きた大きな鉄道事故を、主に死者数の多寡という観点と事故の特殊性を考慮してまとめると次のようになる（表9－2）。

この一覧表を睨んでいただくと、何か大きな傾向が見えてくる感じがする。死傷者の多寡、とくに死者一〇〇人超の事故は当然きわめて深刻に受け止められる。一九四三（昭和一八）年の常磐線・土浦事故、一九四五年の八高線・拝島事故、一九四七年の八高線・高麗川事故は、戦中・戦争直後の悪環境という背景が多分に影響しているであろう。

ようやく最悪期から脱して経済成長期に入ろうとした時期、すなわち一九六二年の常磐線・三河島事故と翌一九六三年の東海道線・鶴見事故は、事故防止・安全対策においてきわめて大きな契機になっている。

表9-2　日本の主な鉄道事故

年	場所	内容	死傷者数	原因
1877	東海道線・摂津元山	上下列車正面衝突	死　3／傷　2	駅員の誤指示
1897	東海道線・小山	工事列車が車止突破・脱線転覆	死　8／傷 17	ブレーキ操作ミス
1901	信越線・熊ノ平	列車下り勾配退行逆走	死　2／傷　0	ブレーキ力不足
1912	東海道線・大垣	列車が停車中の列車に追突	死　5／傷 53	過速運転
1913	北陸線・東富山	退行列車と上り列車衝突	死 24／傷107	信号機の誤認
1916	東北線・三沢	上下列車正面衝突	死 20／傷180	タブレットの誤手交
1918	信越線・熊ノ平	列車下り勾配退行逆走・岩壁衝突	死　4／傷　0	ブレーキ力不足
1923	東北線・久田野	列車が車止突破・脱線大破	死　6／傷 28	信号機の誤認
1926	箱根登山・宮ノ下	過速脱線転落	死 17／傷 10	ブレーキ操作ミス
1931	山陽線・河内	分岐器過速通過による脱線転覆	死　7／傷190	運転手の不認識
1937	山陽線・岡山	走行中の列車に後続列車追突	死　6／傷 64	信号操作ミス
1941	山陽線・網干	停車中列車に後続列車追突	死 65／傷110	信号機の誤認
1941	常磐線・北千住	停車中の列車に後続列車追突	死　6／傷 11	ブレーキ操作ミス
1943	常磐線・土浦	支障貨車に上下列車三重衝突	死110／傷107	ﾎﾟｲﾝﾄ及信号機ミス
1944	南海高野線・上古沢	電車が急勾配を退行逆走・脱線転覆	死 71／傷138	ブレーキ操作ミス
1944	山陽線・上郡	停車中の列車に後続列車追突	死 38／傷 59	信号機の誤認
1945	八高線・拝島	上下列車正面衝突	死124／傷150	信号機故障
1945	神戸電鉄・長田	急勾配で電車が過速・脱線転覆	死 48／傷180	ブレーキ操作ミス
1945	南海高野線・紀見峠	電車の過速・車止突破・脱線転覆	死 27／傷100	ブレーキ操作ミス
1946	小田急・鶴巻	停車中の電車が退行逆走・駅に衝突	死 30／傷165	ブレーキ故障
1946	上越線・下牧	列車が車止突破・脱線転覆	死　7／傷 32	信号機の誤認
1946	近鉄奈良線・生駒	停車中の電車に後続電車が追突	死 18／傷 53	信号機の誤認
1947	八高線・高麗川	列車の過速・脱線転覆	死184／傷495	ブレーキ故障
1947	室蘭線・小樽	上下列車の正面衝突	死　4／傷 53	信号機の誤認
1947	京浜東北線・田端	停車中の電車に後続電車が追突	死　4／傷114	ブレーキ操作ミス
1948	名鉄瀬戸線・大森	電車の過速・脱線転覆	死 35／傷154	ブレーキ操作ミス
1949	近鉄奈良線・花園	走行中の電車に後続電車が追突	死 49／傷272	ブレーキ故障
1956	参宮線・六軒	脱線列車に対向列車が衝突	死 42／傷 94	信号機の誤認
1961	常磐線・東海	分岐器過速・停車中列車に衝突	死 11／傷　4	信号機の誤認
1962	常磐線・三河島	支障列車に上下列車が衝突三重事故	死160／傷296	信号機の誤認
1963	東海道線・鶴見	支障列車に上下列車が衝突三重事故	死162／傷120	貨車の競合脱線
1966	東武大師線・西新井	脱線電車が隣線走行電車に接触大破	死　7／傷 20	ブレーキ操作ミス
1971	近鉄大阪線・東青山	脱線暴走電車と対向電車の正面衝突	死 25／傷218	ATS誤作動対応ミス
1973	関西線・平野	分岐器過速・脱線転覆	死　3／傷156	信号機の誤認
1988	中央線・東中野	停車中の電車に後続電車が追突	死　2／傷116	ATSチャイム無視
1991	信楽高原鉄道・中間	上下列車が正面衝突	死 42／傷614	信号機故障対応ミス
1993	日豊線・竜水駅	豪雨・崖崩れによる圧死	死3	避難誘導無視
2001	中央線・大久保駅	ﾎｰﾑからの転落者及び救助者の轢死	死3	
2005	JR宝塚線・塚口	脱線・転覆、マンションに激突	死106／傷562	曲線速度超過
2005	羽越線・北余目	脱線・転覆	死　5／傷 33	横風突風

もう一つ、一九一九（大正八）年に東海道線で起きた衝突事故についても触れておこう。この事故に遭遇し瀕死の重傷を負った実業家兼政治家・内田信也が、その時の状況を詳しく書き残している。

鉄道事故の実況放送

茨城県に生まれの内田信也（一八八〇～一九七一）は、東京高等商業学校（現・一橋大学）を卒業後、三井物産に入社、すぐに頭格を現わした。一九一四年、傭船係長時代に退社し、神戸で船会社を興したところ、折しも第一次世界大戦の煽りで船賃が高騰したため、大変に儲けた。山下汽船の山下亀三郎、勝田汽船の勝田銀次郎と並んで「三大船成金」と呼ばれて、大いに世間の羨望とやっかみを買ったほどである。

その内田が、兄と母とともに神戸から夜行列車の一等寝台車に乗って上京した時、大衝突事故に遭遇した。内田はその事故の様子を自伝『風雪五十年』に詳しく書き残している。後日、鉄道大臣も勤めた鉄道人による語りは生々しく、貴重な資料といえよう。

たしか大正八年の八月二十九日と記憶するが、僕は当時八十歳を越えた老母と実兄三浦との三人連れで、午後九時ごろ神戸発東上列車の最前部に連結された四人乗りの一等車に乗り込んだ。〈中略〉列車は快適に走り続けたが、われわれがいつか熟睡に陥った真夜中、突然、轟然たる大音響と共に転覆してしまったのである。〈中略〉はっとして気ずくと僕の体の上には、上部寝台が崩れ落ちて息もつまるばかり胸部を圧していた。〈中略〉すると暗黒の中から、かすかに老母の苦しそうな応えがあったが、兄の方からは全然何の返事もない。〈中略〉「お母っさん、しっかりして、しっかりして」と夢中に連呼した。こうした息ずまるような切ない刻々が過ぎゆくうちに、車外に人声が聞こえ、列車の上を渡って来る靴音が聞こえた。この瞬間の嬉しさは三十年を過ぎた今も忘れ得ない。〈中略〉老母は浴衣を着て頭から鮮血りんりとし、しかも雨中のこととて、それが浴衣一面に流れ落ちて、実に凄惨な姿であった。

（内田信也『風雪五十年』実業之日本社）

この事故は、補助機関車が職員の不注意から待避線に入れられず、そのまま本線上に放置されていたため、内田の乗った列車が衝突してしまったという、全くの人災事故であった。時の鉄道院総裁・床次竹二郎から内田に対して、慰謝料を払う申し出があったが、内田は「そんなものは要らないから、その代わりこれを契機として、鉄道に自動信号機装置を設置して貰いたい」と返答したという。

内田はこの五年後の一九二四年、政友会の衆議院議員に転出し、その後、鉄道大臣に就任しているから、この事故は内田と鉄道を結びつける奇妙な媒体となったともいえる。

鉄道事故はたしかに減ったが……

鉄道事故には、列車衝突や脱線といった大事故はもちろんであるが、踏切事故、接触事故、車両故障、列車火災、線路故障……などありとあらゆる事故が包含されるので、総発生件数はきわめて多い。さすがに最近はぐんと減っているが、明治から戦争直後にかけては目立って多く、昔は誰でもたまには遭遇するようなものであった。

次に、列車衝突と列車脱線について見ておこう（表9－3）。

まず全体を俯瞰してわかることは、大事故は鉄道技術が幼稚であった初期に多かったはずと思いきや、日米戦争の勃発した一九四一年あたりから目立ちはじめ、一九六二～六三年にかけて立て続けに起った三河島事故と鶴見事故によって、やっと何とか総決算と厄払いができた感じである。すなわち戦中戦後の約二〇年にわたって大きな鉄道事故は多かったし、ブレーキ・信号に直接関係ない事故としても、三鷹事件、松川事件、桜木町事故など不可解な大事故もあった。

全般的に見て、東海道線・山陽線・常磐線など列車運行密度が高い長距離幹線での事故が目立つのは、確率的に肯ける

表9-3　列車衝突および列車脱線事故件数推移

時期	列車衝突	列車脱線	計
1906～1910	867	1993	2860
1911～1915	561	1316	1877
1916～1920	257	1250	1507
1921～1925	208	1030	1238
1926～1930	95	765	860
1931～1935	39	646	685
1936～1940	76	786	862
1941～1945	309	3185	3494
1946～1950	121	4040	4161
1951～1955	28	1226	1254
1956～1960	24	567	591
1961～1965	51	493	544
1966～1970	20	306	326
1971～1975	32	370	402
1976～1980	18	307	325
1981～1985	12	218	230
1986～1990	—	—	—
1991～1995	—	—	—
1996～2000	3	60	63
2001～2005	4	76	80
2006～2010	1	43	44

ところである。信越線の碓氷峠、箱根登山、南海高野線、近鉄奈良線などで頻発するのは急勾配のためであろうが、平坦な八高線でも二度重大事故が起きている。

3 安全を守る技術と設備

縁の下の力持ち・保線の重要性

近年では、明治・大正期のような風水害や雪害による列車の不通はほぼなくなった。衝突や脱線事故は時折あるが、ブレーキ(電気ブレーキなど)や信号(ATCを基軸とした)の発達によって、今や未然に防ぐ体制がかなり出来上がっている。

一方で、事故を未然に防ぐための地道な作業が日夜営々と続けられている。「線路狂い」に対する「保線作業」である。縁の下の力持ちのような仕事であるから一般人にはほとんど意識されないし、直接的な鉄道事故原因に挙げられることも少ないため、とかく看過されがちであるが、この作業がきちんと行われているからこそ、事故が未然に防がれている。最近では一般の人たちの間でも「ドクターイエロー」が話題になっているが、車両自体への物珍しさに起因するもののようで、保線作業そのものへの理解がそれほど進んでいないように見えるのは、少し残念である。

一般に軌道は鋼製のレール、レールを受ける枕木、枕木の下の砕石(バラスト)からなり、バラスト層の下には土を突き固めた路盤がある。一般的な通勤車両の重さは二〇~三〇トン、それが次から次にレールの上を走っていくのであるから、どんなに頑丈なレールでも、最初に敷設された状態からだんだんと歪んでくるのは当然である。列車自体の荷重や振動、直線区間における蛇行動、曲線区間における遠心力が常にレールを歪ます力となって働くのである。列車が長大化され、高速化され、頻発化されればされるほど、その力は増大する。

したがってレールの摩耗だけでなく、軌道全体の歪みを点検し、補修する保線作業が不可欠である。通常の構造物とは大きく異なる点であり、しかも列車運行の合間を縫って作業を進めなければならない。

ここまで軌道の「歪み」という一般用語で説明してきたが、鉄道用語では「軌道狂い」「軌道変位」「軌道不整」などと呼ばれている。本書では多少とも馴染みのある「軌道狂い」に統一したいが、これは次の五項目に分類される。

もちろん「軌道狂い」は迅速に適切に直さなければならないが、何事も事実の発見（Fact – Finding）

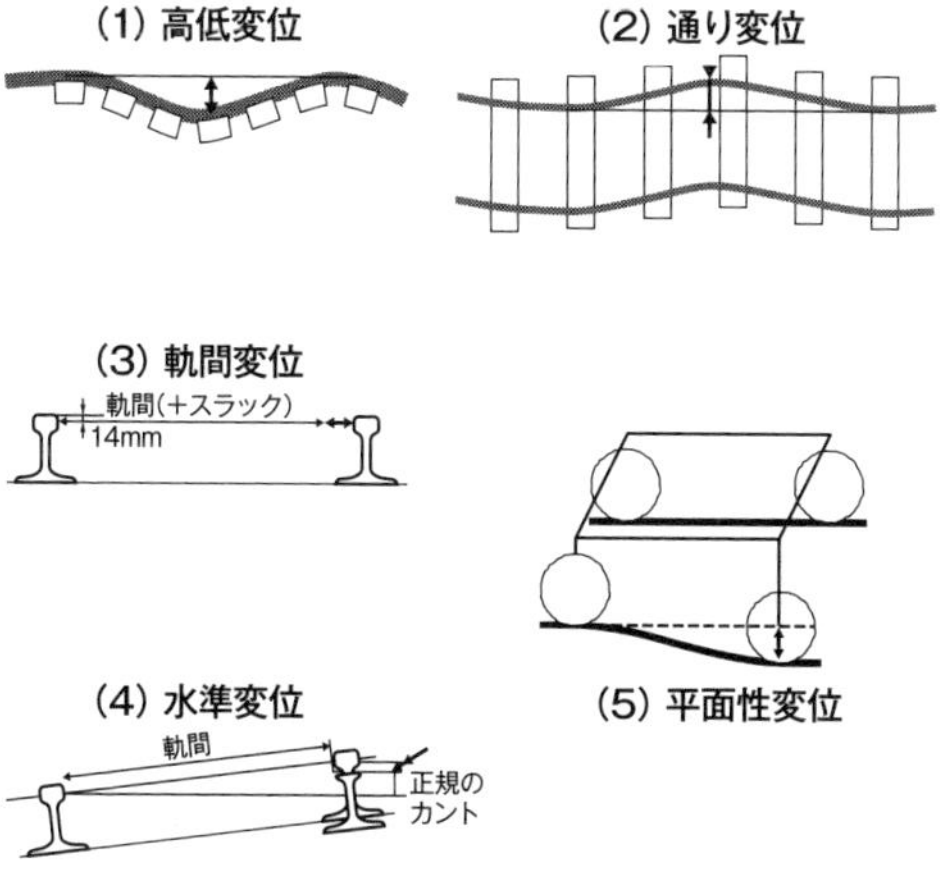

「軌道狂い」の５分類

が先決である。明治時代以降、まずは保線要員が線路を巡回し「線路狂い」を見つけると、実測し、人力で補修作業が行われてきた。むろん、諸事同様、保線作業もステップを踏んで徐々に進歩してきた。その技術史をここに詳述することは省略するが、ともかく近年はセンサー機器やシステムが著しく発達したおかげで軌道保線も以前に比べれば随分やりやすくなった。

あらためて先の五種類の「軌道狂い」を見ると、「軌間変位」「水準変位」「平面性変位」の三種類は、断面々々ごとの左右レールの相対的位置関係であるので、今の技術で適切なセンサーがあれば、測定は比較的容易である。

ところが「高低変位」と「通り変位」の二種類は、レールのある程度の長さを見なければ測定できない変位であるので、測定はずっと難しくなる。その測定原理は一〇メートル長の糸をレール上にピンと張って、それからレールの高低および左右のズレを見るというもので、糸を弓の弦に例えて「一〇メートル正弦矢法」と呼ばれている。

これも現在は、部分的な測定は人手で行うことも間々あるが、主流は軌道検測車による測定である。軌道検測車両は回転軸が五メートル離れた三つの台車を備えており、まさに「一〇メートル正弦矢法」の原理を利用しているのである。さらに最新の「ドクターイエロー」は通常の車両同様、二台車式であるが、時速二七〇キロという新幹線列車と同じスピードで走りながら「高低変位」と「通り変位」を測定できる（新幹線では「四〇メートル正弦矢法」を用いている）。

鉄道の土木工学技術者や線路工事作業者は俗に「線路屋さん」と呼ばれ、「脱線は線路屋の恥」と自らに言い聞かせて、明治時代から保線に努めてきた。脱線の原因は保線不備だけではなく、スピードの出し過ぎ、ブレーキ故障、信号故障、横風、線路崩壊などさまざまではあるが、彼らのおかげで鉄道の脱線件数は著しく減少している。

日本の鉄道の保線が行き届く基本的な背景としては、イギリスと同様、狭い国土に鉄道路線が密に敷設されているため、保線の目と手が届きやすいことが挙げられる。アメリカのように広大な国土に鉄道が延伸された場合（二〇世紀初頭、人口一億人程度の頃には四二万キロもあった）、どうしても粗放的になりがちで、現に当時は多くの新聞が、アメリカの鉄道は保線の不備で事故が多いから不安であると訴えていたくらいである。

いずれにせよ、変位が見つかったら、早急に軌道を補修しなければならない。最新の技術では、通称「マルタイ」（マルティプル・タイタンパー）が活躍する。「高低変位」に対しては、バラストに振動を与えたり突き固めたりするダンピング機器を備え、一方「通り変位」に対しては、レールを持ち上げて左右に移動できるリフティング・ライニング機器を作動させる。

ここまで、従来からあるバラスト軌道をベースにご説明してきたが、最近、新幹線や高速在来線では、軌道構造がスラブ軌道に変わりつつある。この場合、軌道狂いはぐんと少なくなり、メインテナンス・コストを大いに少なくすることができる。ただし、軌道狂いの検測と補修の技術的原理は共通しており、保線作業の重要性は依然として変わらない。

ブレーキの改良

鉄道における安全対策・安全技術にはいろいろあるが、まず必要なのは走り出した列車を止める仕掛け、すなわちブレーキである。一八三〇年にイギリスで鉄道が開業して以来、初期のブレーキは一八三三年にスティーブンソンが特許を取ったSLに作動する蒸気ブレーキであった。これに人力ブレーキを利かす緩衝車を合わせ、協調動作で列車を止めていた。しかし協調動作は簡単ではないし、人手もかかる。そのうえ制動力も弱い。このため、運転手一人で列車編成のすべての車両に万遍なくブレーキをかけられる「貫通ブレーキ」の登場が待たれたが、その開発には随分時間がかかった。

初期の貫通ブレーキの代表は真空ブレーキで、一八七四年にイギリスで初めて導入された。ちょうど同じ頃、一八七二年にアメリカではジョージ・ウェスティングハウスが空気ブレーキの特許を取得していた。真空ブレーキの場合、最大でも一気圧分しか力を得られないが、空気ブレーキの場合、圧縮空気によって数気圧差の力を使えるし、装置もコンパクトで済む。原理的には空気ブレーキのほうが優れているが、イギリスでは真空ブレーキがまず広く採用されたため、空気ブレーキへの切り替えが大分遅れてしまった。アメリカでは空気ブレーキが普及し、一八九三年に法律で自動空気ブレーキの採用が義務づけられたため、二〇世紀に入るとほとんどこの方式に統一された。

日本の鉄道では、最初は「SLの蒸気ブレーキ＋緩急車の人力ブレーキ」というスティーブンソン方式を採用していたが、一八八六（明治一九）年から真空ブレーキの取り付けが始まった。そして真空ブレーキがまだ十分浸透しないうち、一九一九（大正八）年には、鉄道省から空気ブレーキの採用が基本方針として打ち出された。

空気ブレーキの製造は、ウェスティングハウス社から三菱電機と日本エアブレーキ社が特許を購入して始めた。空気ブレーキ取り付けは一九二一年に始まり、一九二五年までにおおよそすべての旅客列車、一九三〇年までにすべての貨物列車への取り付けが完了した。この空気ブレーキの原理は、空気溜めからブレーキ・シリンダーに通じるパイプを途中で運転室に引き込み、調節弁を運転手が操作するというもので、「自動空気ブレーキ」と呼ばれ、約半世紀にわたって使われてきた。

空気ブレーキの即応性をさらに高め、コントロールしやすくするために登場したのが「電気指令式空気ブレーキ」である。空気の供給コントロールはもはや手動調節弁操作ではなく、電気指令で行うため、運転室まで圧縮空気の配管を引き込む必要はない。この方式は一九六七（昭和四二）年に大阪市電に初めて採用され、一九八〇年代以降、全国的に定着した。

このように、車輪に直接摩擦を起こして減速するのではなく、電気モーターそのものをブレーキに使う仕組みを「電気ブレーキ」といい、電動機が同時に発電機になる性格を利用する。この電気ブレーキの歴史は思いのほか古く、日本では一九三五〜三六年に山岳線用電気機関車に取り付けられたのを嚆矢とする。

電気ブレーキは、われわれが運転する自動車でいえば、エンジン・ブレーキに相当する。かつては、電車のモーターを電気ブレーキ状態で減速していくと、発電された電気エネルギーは車載の抵抗器で熱エネルギーに転換して放熱されていた。この原理を一歩進めて、減速時に発電された電力を発電所に戻したり、架線を通して同じ路線を走る他の列車に供給したりすれば、省エネとなって一石二鳥である。こうしたし仕組みのブレーキを「電力回生ブレーキ」といい、主要幹線や大都市の通勤路線で広く採用されている。ただし、地方の閑散路線では電力を回生しても戻す場所がなく、活用できないケースもある。その場合はあえて「電気ブレーキ」止まりにしている。

イギリスで鉄道が開業した時は、線路は基本的に複線で、幼稚な形態ながら地上信号機も設置された。その後、一八三八年にグレートウエスタン鉄道のパディントン～ウエストダーリントン間で世界初の商用電信が導入され、隣駅同士で列車の発着を確認できるようになると、単線の鉄道も敷設されるようになった。

信号の設置と閉塞方式の採用

一八七二(明治五)年に開業した新橋～横浜間の保安体制も、当時のイギリスに準じていた。この二九キロに及ぶ鉄道は、最初は単線で、途中に品川、川崎、鶴見の三駅を設けて開業した。距離的にほぼ中間の川崎駅で上下列車を交換させ、信号は新橋、川崎、横浜駅の三ヵ所だけにあった。各駅の列車の発着を最初は電信で連絡し合っていたが、一八八〇年には早くも電話が採用された。一八七四年に開業した大阪～神戸間も新橋～横浜間に準じた方法をとり、一時間間隔の列車を中間の西宮駅で交換させ、電信連絡で発着を確認していた。

しかし次に開業した大阪～京都間はかなり距離が長いうえ、この頃になると列車も増発されて交換駅も一駅では足りなくなった。電信連絡の助けを借りても、担当者の注意が及ばなくなる懸念が出てきた。そこで新たな方式が採用された。線路を一定区間(閉塞区間)に区切り、一つの区間に同時に二本以上の列車が入らないようにする「閉塞方式」である。閉塞方式はまたたく間に日本全国に普及した。

「閉塞」の運用の仕方も技術進歩とともに大いに変遷している。イギリスで発案されたタブレット授受方式は、一九〇二(明治三五)年に東海道線の単線区間に日本で初めて導入されて以来、戦後も含め日本では約六〇年間にわたって単線区間で使われてきた。タブレットとは三〇センチ径程度の丸い輪で、閉塞区間に入る列車の運転士に駅員が手渡す。その列車がその閉塞区間を通過し終えると（通常次の駅で）運転士は駅員にそのタブレットを返却、同時に次の閉塞区間のタブレットを受け取って次の駅に向かうという仕組みである。

しかし、突発的な列車の不調や自然災害もあるし、最悪の場合はタブレットの操作ミスもありえる。そこへ列車の運転が高速化・頻発化してくると、タブレット方式では心もとない。運転士に進行・注意・停止を指令する信号が不可欠になってくる。

そうして信号が増えていくのであるが、その運用は官鉄と民鉄各社でまちまちであった。そこで一九〇〇（明治三三）年に「鉄道運転規定」「鉄道列車保安規定」などとともに「鉄道信号規定」がつくられた。なお、勾配率と列車のブレーキ所持率に応じた下り勾配区間、曲線半径に応じたカーブ区間、分岐点通過時などにの制限速度もこの時に設定された。

場内信号、遠方信号、出発信号、側線信号などの設置も義務づけられた。大都市の電車路線では列車密度が高くなると、人の操作する信号では間に合わなくなって、ついに自動信号機が登場する。その第一号は国有化寸前の甲武鉄道の飯田町～中野間に一九〇二（明治三五）年に設置された。駅と駅との間に円盤型の自動信号を設けることによって、従来最低一駅間を要した閉塞区間をさらにいくつかに細分して列車の運行間隔を詰め、運行密度を上げることができた。

この自動信号機は、次いで山手線や京浜東北線や私鉄の都市交通路線に普及し、さらに東海道、山陽、東北などの主要幹線にも採用されていった。なお、自動信号機はアメリカからの輸入に頼っていたが、一九二四（大正一三）年にようやく国産化された。

ATCは安全の守り神

踏切事故や接触事故に比べれば、追突事故や衝突事故は件数こそ少ないが、もし起きれば致命的な大事故になる。先に見た三河島事故でもそれは明らかであろう。むろんそれを防ぐために閉塞区間や信号が設けられるのであるが、列車自体にも何らかの防護措置があるに越したことはない。運転士が不注意や急病で信号を見逃すことがあるかもしれないし、信号が不具合を起こす場合もないとは言えない。そこで、列車の自動停止、自動制御のシステムの導入が進められることになる。

高速走行や高密度運行が行われるようになると、信号保安設備も抜本的に変わった。運転中の運転士に対して信号を表示する一方、運転士が認識し損なった場合でも安全走行を確保するシステムが陸続と登場してきている。ATS、ATC、ATOなどである。まずは各々の法規制上の定義を確認するために、最も単純なJIS（日本工業規格）の定義を見てみよう。

- **自動列車停止装置**（ATS; Automatic Train Stop）：列車が停止信号に接近すると、列車を自動的に停止させる装置
- **自動列車制御装置**（ATC; Automatic Train Control）：列車の速度を自動的に制限速度以下に制御する装置
- **自動列車運転装置**（ATO; Automatic Train Operation）：列車の速度制御、停止などの運転操作を自動的に制御する装置

ＡＴＳは一九二七（昭和二）年に開業した東京地下鉄・銀座線の浅草〜上野間で、ごく単純な機械式（打子式）が採用されたのを嚆矢とする。本格的な電気式ＡＴＳの装着は一九六二年の三河島事故直後から始まり、一九六六年には国鉄の全線に装備された。あくまで運転士の手動運転を基本としつつも、もし停止信号を無視して走り続けた場合に自動的にブレーキがかかるバックアップ・システムである。

ＡＴＣの導入は、一九六一（昭和三六）年開業の東京メトロ日比谷線および一九六四年開業の東海道新幹線が嚆矢である。ＡＴＳ同様、運転手の手動運転を尊重して列車の発進・加速などを行うが、徐行・停止などの制限速度に問題があれば、自動的にバックアップするシステムである。なおＡＴＳモードの中央線では、まだ従来同様の色灯式信号機が配置されているが、ＡＴＣモードの山手線にはこの信号機はもはや見られない。

もっと徹底して発進、加速、平衡走行、徐行、停止という駅間走行をすべて自動化したのがＡＴＯで、新交通システムに採用されている。無人運転の「ゆりかもめ」や「ポートライナー」、また東急池上線や多摩川線のワンマン運転にも導入されている。

ＡＴＳ、ＡＴＣ、ＡＴＯの作動原理

これら信号保安装置はいかなる原理で作動しているのであろうか、基本原理だけは摑んでおきたい。

閉塞区間の色灯式信号機を正しく点灯機能させるためには、閉塞区間ごとの列車の有無を把握しなければならない。列車の有無を確認するには、通電したレールを閉塞区間の境目で絶縁してループ回路を作ってやればよい。その閉塞区間に列車があれば、レールに流れる電流を鉄製車輪が短絡するので（電気が通るので）、そこに列車がいることがわかる。この閉塞区間内の列車の存否認識原理は、色灯式信号、ATS、ATC、ATOのすべてに共通している。

ただし、後続の列車に対する作動原理は各々異なっている。列車の存在が認識されると、色灯信号の場合、次の閉塞区間では赤色、その次では黄色、さらにその次では青色が点灯する。

ATSではレール間に設置された地上子に情報が送られる。次の列車がその上を通過する時、車両の床下に設置された車上子が（非接触ではあるが）共振あるいは電磁波結合によって情報を交換して、運転台に信号を表示する。運転士が減速させない場合は自動的にブレーキがかかる。初期のATSでは地上子は一つで単純な構造であったが、しだいに複数化されて、情報交換が高度化されている。

一方ATCでは、地上では情報がレール回路に送られており、それと車上子との非接触電磁波結合によって情報が交換される。車上には専用の小型コンピューターがあり、速度制御の計算を行い、運転台の車内信号を作動し、速度制御も行う。

このようにATSもATCも、究極の技術原理は「地上側と車上側が非接触で共振や電磁結合作用で交信する」ことにある。地上側の情報は地上ケーブルで送られて発信され、車上側はそれを受信して計算・適応を行うとご理解いただければよい。なおATSもATCも、JRへ民営化された一九八七年あたりからアナログ方式からデジタル方式に切り替わり、地上と車上の情報交換が高度化している。その結果、ブレーキの作動が多段式のガクガクしたものから一段式の円滑なカーブに進歩した。

日本ではこのように高度化されたATCを活用して、列車間隔の短い高速運転をスムーズに行っているが、最近はさらなる補強を行いつつある。東北新幹線、上越新幹線、北陸新幹線、北海道新幹線・海峡線では、RS－ATCと称する無線を使用したATCも装備している。レール回路を利用したデジタルATCが不調になった場合の代用保安のためである。また東海道新幹線、山陽新幹線、九州新幹線では、常用するデジタル一段方式ATCに加えて、従来のアナログ多段式ATCも併備するATC－NS方式を採用しはじめている。

第10章 豪華列車の系譜——プルマンカーから私鉄の貴賓車まで

苦痛から始まった汽車旅がしだいに快適化されてくると、その行き着く先は、快楽化された汽車旅であろう。戦前に誕生した豪華列車群はその象徴であり、最近はそれを超越したクルーズ列車が走っている。これらは鉄道史としても重要であるが、鉄道史の事柄の中でも見聞きして最も晴れがましく楽しいものでもある。本章では戦前に誕生した豪華列車の歴史と系譜を紐解いてみたい。

今でこそ日本は文句なく鉄道先進国であるが、一九世紀から二〇世紀に入り、戦前までは懸命に欧米を追いかけていた。豪華列車の歴史もまた欧米から始まっている。

戦前の欧米の豪華列車名を挙げれば、パリ〜イスタンブール間の「オリエント急行」、パリ〜ニース間の「青列車（トラン・ブリュ）」ニューヨーク〜シカゴ間の「二〇世紀特急」など枚挙に暇がないが、日本の鉄道ファンにとっては、これら豪華列車を羅列して説明するよりも、もっと大元のプルマン社とワゴン・リ社をご説明したほうがずっと本質に迫れるであろう。両社とも豪華な寝台車を中心に食堂車やラウンジカーなど多くの車両を保有し、各々アメリカとヨーロッパにおいて豪華列車群の編成とスタッフ・サービスを提供した会社だからである。

1 豪華列車の登場

プルマン社とは

プルマン社はアメリカで創設された豪華列車の所有運営会社であり、ワゴン・リ社はプルマン社を真似てヨーロッパで設立された会社である。当時の名だたる豪華列車にはほとんどすべて、両社の所有する編成が充当された。

プルマン社はジョージ・プルマンが起こし、一八六七〜一九六八年のおおよそ一世紀間存続した。鉄道路線や機関車は持たなかったが、プルマン社の車両や編成は、アメリカ内を走る豪華列車に広く使われ、「プルマンカー」は豪華列車の代名詞となった。同社は最盛期の一九二〇年代末には九八〇〇両を所有し、一万五〇〇〇名のポーター、アテンダント、メイドを抱えていた。

ジョージ・プルマンは一八三一年にニューヨーク州に生まれた。父は工務店を営んでいたので、学業を終えると、長兄と一緒に父の造った家具を売り歩くために汽車旅をした。彼が一八五三年に乗った夜行列車はたった七〇キロの距離を走るのに一晩掛かった。車内照明は蠟燭で、暖房やトイレはなく、食事はバスケットに詰めて持ってくるか、駅のビュッフェで買って持ち込まなくてはならなかった。しかも道中は快適には程遠く、一晩中眠れなかったという。この汽車旅の経験が、ジョージ・プルマンに快適な寝台列車を造ることを決心させた。

プルマンはまずシカゴに出て、地元の鉄道会社から二台の客車を借りてそれを寝台車に改造した。二〇〇〇ドルも掛けて木製の間仕切りやビロード張りの椅子を設《しつら》えた。椅子は折り畳んでベッドとして使えるようになっており、ポーターを同乗させてベッドメイキングなどのサービスもさせた。むろん、その対価として特別料金を徴収したのであるが、非常に好評であった。プルマンは機を見るに敏な男で、一八六五年に大統領エイブラハム・リンカーンが暗殺され、遺体が首都ワシントンから生地イリノイ州のスプリングフィールドまで移送されることになった時、その葬送列車に自社の客車を使わせることに成功し、大いにその名を知らしめたこともある。

プルマン社の評判を聞いて、競争者が新規参入してきたが、プルマンの政治的ビジネス手法には敵わず、だんだんと独占体制が築かれていった。そんなことから、彼は「発明家的要素一パーセント、改良者的要素九パーセント、事業家的要素九〇パーセント」と評されてもいる。

プルマン社の客車

プルマンが始めた寝台車は、金を倹約せず、大きくゆったりと堅固に造られていた。室内には上等なビロードのカーテンが下げられ、立派な布張りのアームチェアが置かれた。このアームチェアは、夜にはベッドとして使うことができるようになっていた。窓上の壁から天井にかけての部分にもベッドが収納されており、さっと引き出して使える構造になっていた。もちろんシーツ、枕、毛布、洗面用の湯、暖房なども備わっていた。車両ごとにアテンダーとポーターが乗務しており、乗客の荷物の持ち運び、ベッドメイキング、飲物の提供をし、乗客の就寝中の見張りも行っていた。その分の追加料金は当然チャージされたが、利用者からはリーズナブルと納得された。

寝台車に続いて食堂車も造られた。それまで長い汽車旅では、途中の停車駅で列車を降りて、駅内または駅併設の食堂で食事を取っていたが、足元を見て、大して旨くない食事に馬鹿高い値段が付けられていた。それに引き換え、プルマンの食堂車はサービスも味もよく、これまたリーズナブルな値付けがされていたので乗客に歓迎された。

これが評判となって、アメリカでの長距離列車にはしだいにプルマンの寝台車と食堂車が連結されるようになった。プルマンカーの出現当初は、まだ大陸横断鉄道は完成していなかったが、道路網の整備は鉄道よりも遅れていたし、西部のホテルはとても物騒な場所であった。そのため、金持ち連中はしばしばプルマンカーを買ったり、チャーターしたりして、列車に組み込んでもらった。やがて立派なホテルが建つようになると、金持ち所有のプルマンカーが直接ホテルに着けるように、本線から側線を引くこともあった。なんとも豪奢な話である。

二〇世紀に入ると、「セクション」というクラスがスタンダードになった。中央通路両側のクロスシートに二人が向かい合って座るようになっており、夜間にはこのクロスシートを折りたたんで一人分の下段ベッドにすることができた。窓上方にもベッドが収納されており、引き出して一人分の上段ベッドとして使うことができた。ベッドと廊下は厚手のカーテンで仕切られており、開放型の客室ではあるが、プライバシーに配慮したつくりである。

ただし、「セクション」の上下ベッドの稼働率を比べて見ると、下段の七七パーセントに対し、上段はたった一八パーセントであった。二人旅ならともかく、見ず知らずの他人と相席になることには大分抵抗があったようである。商才に長けたプルマンは、こうした一人旅の乗客のために、ソファもベッドも一人で占有できる「一人セクション」というクラスも設けた。

それをさらに推し進め高級化したのが、一九三七年に登場した「ルーメット」タイプである。「セクション」のような開放構造でなく個室構造が採用された。廊下との間には引き戸を設けてプライバシーを確保、壁面には美しい絵が描かれ、ベッド、洗面台、トイレ、クローゼットが全部折り畳んで収納されていた。この「ルーメット」は、「二〇世紀特急」を初めとした当時の著名な特急列車に広く採用された。

こうした豪華設備のほか、きめ細やかなサービスも提供した。たとえば、寝台車への乗車時刻が深夜の場合は、寝台車を乗車駅に早めに廻して乗車させたり、逆に降車時刻が早朝の場合は、到着してもしばらくそのまま車中で寝ていられるようにしていた。

このようにプルマン社の列車はホテル並みで乗客は大いに満足したであろうが、接客を担当するポーター、メイド、アテンダントなどのサービス乗務員の仕事もホテル並みに大変であった。乗客をにこやかに迎える方法、飲み物の注ぎ方、朝の乗客の起こし方など、いちいちが全社均一のマニュアルで統一され、忠実に業務をこなすことが求められた。なお、サービス乗務員には黒人やフィリピン人が多く採用された。

第二次大戦後は商業航空路が発達し、とくに一九五八年のジェット旅客機の就航は、大きな転機であった。ハイウェイはどんどん整備され、ガソリンも一ガロン二八セントと安く、ホリデーインが各地に建てられるなど、自動車旅行もずっと便利になった。プルマン社を含むアメリカの鉄道会社はここまでの大きな変化を予想できなかったのか、戦後になっ

ブルマン式車両(左)とワゴン・リ式車両の室内

ても多くの新型客車を造った。プルマン社のかけた費用は膨大で、約一六〇〇両の車両に対して一三億ドル（当時で四七五億円、現在価値で六〇〇〇億円程度）も出費している。しかし、交通構造の変化の波には耐え切れず、巨大企業プルマン社は一九六八年末をもって一世紀の長い歴史の幕を閉じた。

ワゴン・リ社とは

フランス語の「ワゴン・リ」を直訳すれば単に「寝台車」という意味にしかならないが、その歴史的意味に触れないと全く無意味である。ワゴン・リ社の創立者ジョルジュ・ナゲルマッケールはベルギーの裕福な銀行家の家に生まれた。失恋の痛手を癒すためにアメリカに渡ったところ、そこでずっと大きな恋が成就した。今度の相手は女性ではなく、プルマンカーであった。プルマン社の豪華な寝台車や食堂車のサービスは当時のヨーロッパにはないもので、ナゲルマッケールはこのやり方をヨーロッパに導入すれば必ず成功すると確信したのである。

アメリカから帰国ナゲルマッケールは、さっそく一八七二年にワゴン・リ社を設立して構想の実現に向った。ただし、保守的なヨーロッパではプルマン式のベッドと廊下をカーテンで仕切るだけの開放型レイアウトではだめで、最初から個室式寝台車を採用した。プルマン社同様、数台の寝台車と食堂車を調達し、地元のベルギーのほか、ドイツ、オーストリア、フランス、イギリスなどに運行を広げてった。

何事も新しい試みには箔付けが大事である。ワゴン・リ社の場合は、イギリスの皇太子の汽車旅がその契機となった。ロシア王室の結婚式に出席するため、ベルリン経由でサンクトペテルブルクに向かう汽車にワゴン・リの車両が使われ、一躍その名を知られるようになった。

ワゴン・リ社の客車

ワゴン・リ社の客車も贅が尽くされた。たとえば、壁面には繊細な寄木細工、真鍮製の金具を多用し、床には豪華な絨毯が敷かれた。トイレは車両中央に設置され、擦りガラスのドアで廊下と隔てられていた。便器の周りの床は大理石であった。

ワゴン・リ社は急速に発展したが、その成長に客車製造が追いつかず、オーストリアからお召し列車編成を買って営業に充当したこともあった。最盛時の一九三九年当時、ワゴン・リ社は二四ヵ国に跨って豪華客車一七三八両を保有し、「オリエント急行」「青列車」「北急行」など多くの名だたる列車にワゴン・リ社の編成が充当された。

ただし、アメリカにおけるプルマン社のようには行かず、ワゴン・リ社はヨーロッパで独占的地位を築くことはできなかった。イギリスにはブリティッシュ・プルマン社、ドイツにはミトローパ社があり、競合関係にあったのである。しかも、第二次世界大戦の主戦場となったヨーロッパでは豪華列車の運行は停止され、おまけに戦禍で八四五両が被災した。戦後、ヨーロッパの鉄道はアメリカほどの斜陽化はしなかったが、やはり航空機の発達は長距離の豪華国際列車の運行には大きなダメージを与え、ワゴン・リ社の運行は次第に縮小し、二〇〇七年に終焉している。

② 豪華列車の系譜

これからはいくつかの豪華列車を紹介するが、まず豪華列車の代表として「オリエント急行」がくることは異論がなかろう。あまりにも有名なこの急行列車は、あまたの書で紹介され、それを舞台とした小説が三五冊もあるそうである。この列車は鉄道会社ではなく、前述したワゴン・リ社が企画した編成であった。

豪華列車の象徴「オリエント急行」

処女列車は一八八三年一〇月四日の一九時三〇分、寝台車二両＋食堂車一両＋荷物車二両の五両編成で、パリのストラスブール駅（東駅）からコンスタンティノープル（イスタンブール）を目指して八〇時間の長旅に出発した。チーク材で造られた客車の内壁はピカピカに磨き上げられ、蒸気暖房とガス灯を備えていた。寝台車は四人用のコンパートメントで、夜には上下二段ベッドが二つでき上がるようになっていた。ただし当初はパリ〜イスタンブールを直行できる鉄道はなく、一部馬車、一部船で連絡されていた。

オリエント急行の内装

六年後の一八八九年には、パリ〜ミュンヘン〜ウィーン〜ブダペスト〜ベオグラード〜ソフィア〜イスタンブールの全線がようやく鉄路で繋がった。全行程は三一八六キロ、所要時間は停車時間や通関時間などを入れると六七時間三五分であったから、表定時速は四七キロと決して速くはなかった。

しかしその豪華さは際立っていた。フランスの詩人バレリー・ランボーは、オリエント急行を大いに称えている。

この列車は大きな音を出すが、一方、大きな柔らかい魅力も持っていて、ヨーロッパ中を寝台車で快走する。何と言う豪華な列車であろうか。皮張りの廊下に沿って、光沢のあるラッカー細工で、磨き上がった真鍮のノブの付いたドアがあって、その中では金持が眠っている。私は上機嫌で、鼻歌を歌いながら、廊下を伝って歩いている。列車よ、お前に仕すから、ウィーンでも、ブダペストでも連れて行ってくれ。私の鼻歌をお前の数え切れない音にブレンドしておくれ。何と絶妙なハーモニーであろうか。

初期の列車の内壁は革張りで、ドア等は美しい寄木工細工であった。アガサ・クリスティーの『オリエント急行の殺人』があまりにも有名になったので、この列車にはスパイと陰謀と殺人が渦巻いていたように錯覚するが、実際の乗客は政治家、実業家、銀行家、オペラのスター、クーリエ（外交文書の運搬者）らで、概して通常のエリートであった。彼らはたいてい常連なので、客同士も顔見知りだし、列車のスタッフは客の顔や名前をほとんど覚えていた。ちなみに、イギリスとフランスの外務省は、実際にクーリエが乗車しようがしまいが、緊急用にオリエント急行の一コンパートメントを確保していた。

料金は一般運賃に一等料金とワゴン・リ料金が加算されて、パリ〜コンスタンティノープル間が六〇ポンドであった（部下やサーバントを同乗させるにはさらに四五ポンドが加算された）。ロンドンのフラットの年間家賃程度というから、とても庶民には無理で、本当にリッチな人たちしか乗れなかった。さてオリエント急行と一口に云ってしまったが、その後ろいろ経緯があって、いくつかのルートが築かれていった（表10－1）。

このほかにも、ウィーン止まり、ベオグラード止まりなのにオリエント急行と称する列車もできたので、全部を把握するには糸の絡まる感がある。これら四ルートのなかでも代表的なのはシンプロン・オ

表10-1　オリエント急行の種類とルート

名称	ルート
元祖オリエント急行	パリ（東駅）〜ミュンヘン〜ウィーン〜ブダペスト〜ブカレスト〜イスタンブール間、週３便運行
シンプロン・オリエント急行	パリ（リヨン駅）〜ミラノ〜ベニス〜ベルグラード〜ソフィア〜イスタンブール間、毎日運行
オステンド・ウェーン・オリエント急行	オステンド〜ブルッセル〜フランクフルト〜ウィーン〜ブダペスト〜ベルグラード〜ソフィア〜イスタンブール間、週３〜４便運行
アールベルグ・オリエント急行	パリ（東駅）〜バーゼル〜チューリッヒ〜インスブルック〜ウィーン〜ブダペスト〜ブカレスト〜イスタンブール間、週３〜４便運行

リエント急行であろう。この列車のみ毎日の運行であったし、『オリエント急行の殺人』や007シリーズの『ロシアより愛を込めて』もこの列車が舞台となっている。

なにぶん多くの国に跨る国際列車だったので、コンダクターはフランス語、ドイツ語、イタリア語、セルビア・クロアチア語、ブルガリア語、ギリシャ語、トルコ語の七ヵ国語を操れた。また、通貨もまちまちであったので、金銭の授受がややこしかった。車内で売っているエビアン（ミネラルウォーター）を買うのにも、通過する国ごとに通貨の換算が必要であったため、気を抜けなかったようである。

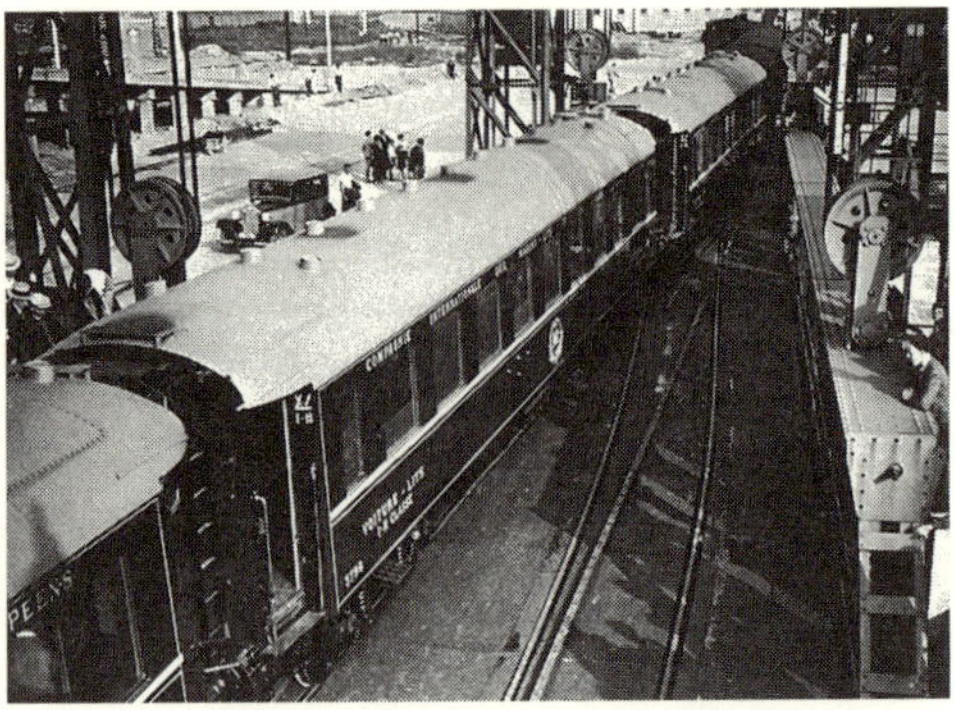
フェリーに乗り入れるオリエント急行（1936年）

第二次世界大戦中は運行が中断され、戦後もヨーロッパ東西間に鉄のカーテンに邪魔をされたが、一九五五年には何とか復活した。しかし、復活した車両はもはやワゴン・リ社の豪華客車ではなく、ごく通常の客車で、パリ〜イスタンブール間直通の寝台車が連結されていただけであった。一九六二年にはさらに車両、スピードなどをグレードダウンした「ダイレクト・オリエント急行」に改称されたが、サービスだけはワゴン・リ社によって行われた。乗客はスノビッシュな金持ちから西欧に出稼ぎに行くトルコ人らに変わった。しかし、これでも持ちこたえられず、一九七七年、ついにオリエント急行は終焉した。

そろそろ戦前の日本の豪華列車に移りたいが、最初に取り上げるのは、純粋に日本国内を走った列車ではない。いわゆる欧亜連絡列車の一環としての特急「富士」である。

欧亜連絡特急「富士」

一九〇一年に全通したシベリア鉄道は、一九〇四年に勃発した日露戦争のためにしばらく外国人の一般旅行者は利用できなかったが、一九〇六年に平和が戻ると、シベリア鉄道を基軸にヨーロッパと極東を結ぶ「欧亜連絡ルート」の構想が浮上してきた。この構想はヨーロッパで主導されていたが、満鉄総裁を勤めたあと、鉄道院総裁となった後藤新平はそこに積極的に働きかけて、一九一〇年には基本的な骨格が合意された。一九一二年からは日本の鉄道時刻表に日本～ベルリン、パリ、ロンドン間などの列車が載り、東京でロンドン行きの連絡切符が買えるようになったのである。

東京から東海道・山陽線で下関へ、関釜《かんぷ》連絡船で釜山へ、朝鮮縦貫鉄道で釜山～京城～平譲～新義州と北上し、鴨緑江を渡って満鉄・安奉線で安東から奉天へ、満鉄本線で奉天～長春～ハルピンへ、そこでシベリア鉄道(東清鉄道ルート)に接続して一路モスクワへ、さらに乗り継いでベルリン、パリ、ロンドンに向かうというルートであった。

ちなみに一九三四(昭和九)年時点で、東京～ロンドン間の運賃は一等一八二ドル、二等一三六ドル、三等九一ドルであった。現在価値に直すと、ざっと一等一三〇万円、二等九八万円、三等六五万円見当になり、まあ妥当な水準であろう。そして重要なのは、一等がちょうど三等の二倍、二等がちょうど三等の一・五倍になっていることである。これは戦前の欧米の等級別運賃格差を採用しているようで、日本の各々三倍、二倍という格差よりずっと小さい。

第一走者は東京～下関間を走る特急「富士」で、釜山～奉天間を結ぶ急行「ひかり」「のぞみ」、満鉄の「あじあ」号、そしてシベリア鉄道へとバトンが渡る。特急「富士」が最後尾に連結する一等展望車の室内は吊灯篭、欄間、網代天井方式に装飾された安土桃山式で、日本の伝統美を強調して外国人にエキゾシズムを訴えていた。なにぶん日本唯一の国際列車であったから、この列車に限り、列車長はChef de train（シェフ・ドゥ・トラン＝専務車掌）というフランス語の腕章を巻き、英語が話すことができた。英語の列車案内パンフ

欧亜連絡列車のポスター

欧亜連絡列車の時刻表
（『欧亜連絡時刻表』1934年）

經由	經過日數	驛及港名		接續曜日								標準時
	1	巴里	發	月	木	水	日	…	11 05	…	…	西歐時
	2	リエージ	著	火	金	木	月	…	4 35	…	…	
		倫敦	發	月	木	水	日	…	|	2 30	…	
		オステンド	〃	月	木	水	日	…	|	8 05	…	
		リエージ	〃	月	木	水	日	…	|	11 29	…	
		伯林	著	火	金	木	月	…	|	*8 51	…	
ワルソー	2	リエージ	發	火	金	木	月	…	5 03	…	…	中歐
	〃	伯林	〃	火	金	木	月	…	6 20	…	…	
	3	ワルソー	著	水	土	金	火	…	6 18	…	…	
		羅馬	發	日	水	火	土	…	|	7 50	…	
		ベニス	〃	月	木	水	日	…	|	7 00	…	
		ウイーン	〃	火	金	木	月	…	|	*3 25	…	
		ワルソー	著	水	土	金	火	…	|	6 10	…	

レットやポスターが作られたのは、あとにも先にも、日本ではこの列車「富士」だけである。特急「つばめ」が東京～大阪間のビジネス特急であったのに対して、特急「富士」はまさに国際連絡特急であった証左ともいえよう。

下関から関釜連絡船で釜山に渡ると、そこから満鉄線の奉天までは朝鮮鉄道の国際急行「ひかり」や「のぞみ」が直行していた。この二つの列車名が新幹線で初めて採用されたのではなく、復刻版であったことは意外に知られていないかもしれない。この二列車も流線形の一等展望車を連結しており、客室車内も豪華な造りであった（なお、朝鮮半島の釜山～京城間にはビジネス特急「あかつき」が走っており、「ひかり」「のぞみ」は国際連絡列車と位置づけられていた）。そして奉天からハルピンまでは、満鉄の特急「あじあ」号に乗り継いだのである。

大陸に雄飛した「あじあ」号

一九三四（昭和九）年にデビューした南満洲鉄道の「あじあ」号は、当時アジアで最高の豪華列車であった。翌一九三五年には新京～ハルピン間の路線を満鉄がソ連から買収したので、大連～ハルピン間九四四キロが直通になった。

先頭の機関車から最後尾の展望車まで一貫した流線形の美し

「あじあ」号

い造形であり、機関車のライト・ブルーと客車のダークグリーンは満洲の大地に映えたであろう。冷暖房の利いた六両編成の客車のうち、最後尾の一等展望車と食堂車が圧巻であった。設計は満鉄、製造は川崎造船が担当した。大連〜新京間七〇一キロを八時間半、平均時速八三キロで走った。将来は線路を改良して平均時速一〇〇キロにスピードアップする予定であったが、日本の敗戦のため実現することはなかった。

「あじあ」号の誇る装備のひとつに、全編成に装備された空調設備がある。当時こんな空調付き客車はヨーロッパには皆無であったし、アメリカでも食堂車などごく一部にしか導入されていなかった。去り行く景色をゆったりと眺められる展望車、ロシア美人が給仕する食堂車も妥協をゆるさない造りで、まさに満鉄の面目躍如といったところである。

食堂車といえば、紀元二六〇〇年にあたる一九四〇（昭和一五）年のディナー・メニューは軍国調で肩に力が入っていた。残念ながら文字だけの説明になってしまうが、想像力を総動員していただきたい。御国の栄え（豪華オードブル）／洋上の光（海亀コンソメ）／海深青波（魚のグラタン）／鳳翼万里（ビーフステーキ）／世紀の集い（コンビネーション・

「あじあ」号の食堂車

「あじあ」号の１等展望車

サラダ）／五穀豊穣（ライス・プディング）／興亜の宝（フルーツ盛り合わせ）／黒金の力（コーヒー）……時節柄、大仰な名が付いているが、本格的な料理が提供されたことは間違いない。食後は有名なカクテル「あじあ」で乾杯したのであろうか。

ともあれ、当時最高レベルの豪華特急「あじあ」号も、戦時体制が急迫すると、一九四三年二月末をもって運休し、二度と復活することはなかった。

3 私鉄の貴賓車群

このように、戦前の日本の豪華列車は、欧米に比べるとぐんと少なく淋しい限りである。ただし、ちょっとスケールダウンするものの、「私鉄の貴賓車群」として括れる非常に豪華な車両があちこちに散在したのも事実である。鉄道史から見た重要性は今一つかもしれないが、文化的・趣味的には見るべきところもある。以下に、私が調べたかぎりをご紹介しよう。

「貴賓」とは「特別な客」「身分の高い客」「地位のある客」を意味する。英語ではA Distinguished Guest, An Honored Guestである。

満鉄と九州鉄道の貴賓車は素直にそういう意味でよいが、国内私鉄の貴賓車の場合は一般貴賓というより、皇族および関係者の乗車を意識して造られたものであった。その意味では、国鉄が保有した「お召列車」に近い位置づけといえる。ただし国鉄のお召列車が概して数両編成で長距離を走

表10-2　戦前私鉄の貴賓車

鉄道会社	車両名	製造年	備　　考
南満洲鉄道	特別車1	1908	1等客車から改造された。翌年特別車2の登場後、1・2等合造車に格下げ改造された。
	トク形202（特別車2）	1909	米国から輸入した1等車の一部の座席を撤去、寝台と椅子を設置。1935年度に満洲国鉄へ転属。
	トク1号	1911	英国メトロポリタンアマルカメーテッド社製。
	特別車4	？	特別車2が満洲国鉄に転属したので、代替用として満鉄大連工場で新製。
	トク2形（2代目）	1936	満鉄大連工場製。冷房装置付き流線型車体は「あじあ」号用展望車と類似。内装には御料車風の蒔絵や羽二重を使う。
九州鉄道	ブリル客車	1908	九州鉄道が国有化直前にブリル社に発注した5両連結の木造豪華列車。アメリカのプルマンカー流の仕上がり。
東武鉄道	トク500形	1929	日光線の開業に合わせて造った豪華木造付随車。一般客のクルーズ豪華旅行を狙い、その後特急電車にも連結された
京王電気軌道	500号	1931	多摩御稜線開通を機に皇族の御料参拝を想定した貴賓車。しかし中央線・東浅川駅の開設があって活用されず。
名古屋電気鉄道	トク1号	1913	皇族の使用を想定して造られた木造二軸単車。皇族の使用はなかったが、浅野侯爵一行が使用。
名古屋鉄道	トク3号	1927	皇族の使用を想定した木造貴賓車。犬山の陸軍大演習視察のため昭和天皇一行に供された。
京都市電気部	貴賓車	1912	京都市電が本格開業した折、皇族用を想定して造られた木造二軸単車。残念ながら皇族使用の実績はない。
参宮急行電鉄	2600形	1940	紀元2600（1940）年に後続の伊勢参拝用に造られたが、それ以外では戦後に義宮（昭和天皇の第二皇男子）が乗車した程度。
南海電鉄	1900号	1938	豪華仕様流線形制御車。皇族の高野山参拝に使われた後は大事に保管され、むしろ戦後特急用に大活躍した。
京阪電鉄	16号	1928	1928年の京都御所における御大典に昭和天皇一行が使用。単行運転も想定した両運転台付きで電動車であった。
新京阪電鉄	フキ500形	1928	京阪電鉄の子会社として開業した新京阪電鉄の貴賓車として同時に製造されたが、皇族の使用実績はなかった。

ったのに対し、国内私鉄の貴賓車はたいてい一両のみの存在で、短い編成に組み込まれて近距離を走った。なお、JR時代になってもお召列車は現存するが、私鉄の貴賓車は戦後一般車に格下げされて別用途に使われ、どれも廃車になっている。

まずは、これら戦前の私鉄の貴賓車群を一覧していただきたい（表10－2）。

南満洲鉄道・特別車1／トク形202号車

数ある貴賓車群のなかでも、南満洲鉄道の貴賓車はその設備もエピソードもスケールが大きい。満鉄は日露戦争後、日本が満洲の南半分の勢力圏を得て（日露の密約で北半分はロシアの勢力圏であることを密約していた）いわば植民地経営を行う半官半民の鉄道会社として一九〇六年に設立された。

初代総裁は、のちに鉄道院初代総裁に就任する後藤新平である。一九〇八年二月、後藤は虎の子の貴賓車を秋山定輔夫妻に提供している。秋山の父は、堂島の米相場で成功した大阪興行界の大立て者で、秋山自身も官僚を経て、スキャンダルを売り物とする『二六新報』という新聞社を興し、一時議員も務めるなど、政界の影の実力者であった。そういう事情があったから「秋山程度の人間のために貴賓車をあてがうのは理不尽である」といった声もあった。どうも後藤の蔭で絡み、

満鉄トク形202号車

恩を売っていたようでもある。ともあれ、満鉄の貴賓車は皇族専用というわけではなかったが、政治屋風情が乗れる車両ではないという認識が出てくるほど、別格の存在であったのである。

後藤新平が満鉄総裁から鉄道院総裁に転任すると、後任として中村是公が就任した。中村は後藤の有力な子分で、夏目漱石とは一高・帝大時代を通じての大親友でもあった。漱石は、この中村の招きで一九〇九（明治四二）年の九月から一〇月にかけて、満洲と朝鮮を旅行させてもらっている。帰国後に漱石が書いた『満韓ところどころ』にその時の様子が描かれている。大連駅頭で総裁以下総出の見送りを得て、北上して行く光景である。

立つ時には、是公はもとより、新たに近づきになった満鉄の社員諸氏に至るまで、ことごとく停車場《ステーション》まで送られた。貴様が生れてから、まだ乗った事のない汽車に乗せてやると云って、是公は橋本と余を小さい部屋へ案内してくれた。汽車が動き出してから、橋本が時間表を眺めながら、おいこの部屋は上等切符を買った上に、ほかに二十五弗《ドル》払わなければ這入《はい》れない所だよと云った。なるほど表にちゃんとそう書いてある。専有の便所、洗面所、化粧室が附属した立派な室《へや》であった。余は痛い腹を忘れてその中に横になった。（夏目漱石『満韓ところどころ』）

秋山夫妻と漱石が乗せてもらった満鉄の貴賓車とは具体的にどの車両であったのか、前表をもとに満鉄の五両の中から特定すると、まず秋山夫妻は一九〇八年二月の満洲旅行ゆえ、特別車1しかあり得ない。一方、漱石が乗ったのは一九〇九年九月であるから、まず間違いなくトク形202ということになる。

九州鉄道「或る列車」

ドイツの技術指導によって出発した九州鉄道は、ワンマン実力者・仙石貢を総裁に迎えると、思いきった経営を行った。その典型は、九州鉄道が一九〇六（明治三九）年にアメリカのブリル社に発注した五両編成の豪華客車で、一等展望車、一二等寝台車、食堂車、一等座席車、二等座席車各一両からなった。

この編成の客車の部品一式が到着したのは一九〇八（明治四）年、九州鉄道などを含む主要私鉄が国有化されたあとのことで、新橋工場で組み立てられた。当時の優等車両の例に漏れず、三軸ボギー台車を履き、窓の上部はアーチ状に、便所の窓には楕円形のステンドグラスがはめ込まれていた。内装はマホガニー材、床には絨毯が敷かれ、スタインウェイのピアノまで置かれていた。

しかし、全長二〇メートル、車幅二・七メートルと当時としては異例に大型な車両であったため、車両限界に引っかかる場所が多くて使いにくく、これほどの豪華列車を定期運用する需要もなかったので、結局宝の持ち腐れとなってしまった。東京近辺で外国人貴賓や団体

表10-3　九州鉄道がブリル車に発注した豪華列車の編成

車両形式	種別	設備
ブトク1	1等展望車	2人用と4人用寝台個室、食堂、調理室、展望デッキ
ブオネ1	1・2等寝台車	16名用開放室型縦向き寝台、2人用個室寝台、喫煙室、給仕室
ブオシ1	食堂車	23名定員の食堂、調理室
ブオイ1	1等座席車	16名用転換クロスシートの座席、22名用ソファ風ロングシートを備えた座席車
ブオロ1	2等座席車	30名用転換クロスシート、20名用ロングシート

用の特別臨時列車として時たま使われたものの、一九二三（大正一二）年に教習車に改造されてしまった。

ただし、豪華な設備、展望車や食堂車のレイアウトはその後の一等展望車などの設計に影響を与えたし、使われていた三軸ボギー台車の機構は一九一六年以降に製造された国産台車ＴＲ71、ＴＲ73などを作る際の参考になった。太平洋戦争勃発後、客車の不足から一部の車両が普通客車に改造されて使用されたこともあったが、一九五〇年代中頃までにすべて廃車された。

戦前の雑誌『鉄道趣味』の一九三五年一〇月号および一九三六年三号に〝或る列車〟と題して紹介され、幻の豪華列車としていまも好事家たちの関心を集めている。

東武トク５００形客車

東武鉄道は一九二九（昭和四）年に待望の日光線を全通させると、トク５００形という貴賓車をデビューさせた。もう鋼製車両に切り替わった時代なのに木造車であったが、定員八名のオープンデッキの展望室兼食堂、定員八名の随員室、料理室兼ボーイ室を備えた、最大二〇人乗りのれっきとした貴賓車である。

他社の貴賓車が皇族や外国人の来賓などを対象とする臨時特別使用を前提としていたのに対し、

九州鉄道「或る列車」

このトク５００形は、一般客のいろいろな用途に広く開放されて、婚礼や団体旅行などに使われた。一九三〇（昭和五）年からは、一般特急列車に連結され座席指定制を採った。ただし運転台がないことから常に列車の最後部に連結しなければならず、終着駅での方向転換が煩わしく、しだいに稼働率は落ちていった。さらに一九三五年に東武肝煎りのデハ10系というロマンスカーが特急用に登場すると、トク５００形の存在感は薄れ、一旦廃車扱いになってしまった。

戦後、東武鉄道でも連合軍専用列車の運転が義務づけられたので、トク５００形も再整備してそれに充当しようとしたが、ＧＨＱからは木造車は耐久性や耐火性の問題が大きいからと拒否された。

東武トク500形

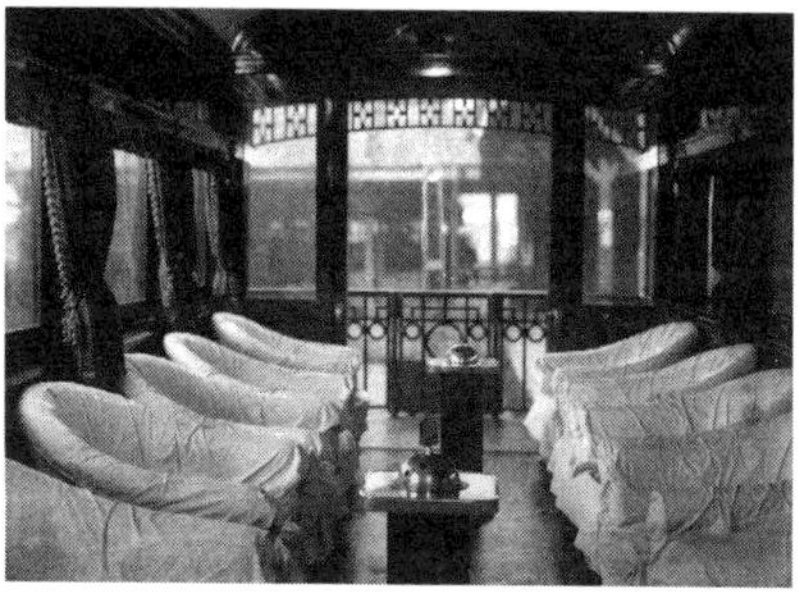
東武トク500形客車内

このため、今度は観光団体列車向けに変更し、改造工事が行われた。この時、開放式であった展望台が密閉式になり、内部も大きく変えられた。展望部分には円形テーブルとソファア、それ以外の座席は転換クロスシートになった。

一九四九年からは、主に鬼怒川温泉行特急列車に、団体からの申し込みに応じて随時連結された。しかし運転台のない不便は相変わらずで、一九五一年に新型特急電車５７００系が就役すると、その使用頻度はさらに減少し、一九五七年に廃車となった。

京王電気軌道500号電車

京王電気軌道では、一九三一（昭和六）年に支線として多摩御稜に通じる御陵線を開業させるに際して、皇族の使用を想定して、貴賓車500号を製造している。前年までに製造された110形・150形と同系統の半鋼製車体の一四メートル車であるが、京王電鉄では屋根が従来のダブルルーフからシングルルーフへと変わった転換点になっている。外面的には側面の窓上にアーチ状の飾り窓があったこと、乗務員扉が設けられたこと、内部では中央部分にトイレが装備されたことが当時の京王電鉄唯一の例外であり、特徴であった。

しかし残念ながら、中央本線に多摩御稜に近接した東浅川駅が開業したことにより、皇族が京王線を利用する可能性はなくなってしまった。一九三八（昭和一三）年にはロングシート化され、一般車に格下げされてしまった。一九四五年五月の空襲で焼失したが、一九四九年に車体を新製して復旧され、一般列車用に使用された後、一九六八年に廃車・解体されている。

京王電鉄500号電車

名古屋電気鉄道トク1号電車

中京地区に長大路線を運営する名古屋鉄道は、多くの鉄道会社が複雑な合併系を辿ってでき上がっている。そういう名鉄の前身会社の一つ名古屋電気鉄道が、貴賓車として一九一三（大正二）年に導入したのが、トク1号とトク2号という四輪単車構造の電車である。

製造当時のトク1号は、客室中央部に丸椅子と楕円形の机が配置され、ソファが置かれた。一方、トク2号の座席は豪華ではあったが、ロングシート仕様であった。二両とも車内各部には装飾が施され、高級感を出していた。まだ電気機器は国産できず、モーターと制御装置はウエスティングハウス社製、連結器は鎖式と時代物であった。

両車は、一九一五（大正四）年、皇太子（のちの昭和天皇）の名古屋行啓に際して、名古屋電気鉄道市内線の白島～築港間で御料車として使われた。その後、侯爵・浅野長勲が特別列車として使った際には鉄道省や内務省の局長らの要人が陪乗しており、名鉄の貴賓車の存在が中央に知られることになる。このことが、後継車両であるトク3号が天皇の犬山行幸に使われる素地となったと考えられている。

なおトク1号はその後火災で消失、トク2号は一九二七年に一般車両に格下げされ、一九六〇年に廃車となった。

名古屋電鉄トク１号電車

名古屋鉄道トク3号電車

名古屋鉄道トク3号電車は、前述トク1号・2号車の後継車両として、一九二七（昭和二）年に導入された。導入後間もない一九二七年一一月、昭和天皇が同社犬山線を使って、名古屋から犬山に向かうお召列車に用いられ、その後も華族や国賓など皇族の貴賓車として活用されたので、本章で述べる私鉄貴賓車のなかで最も活躍した車両であろう。

全長一四メートル、全幅二・四メートルの小型木造車体に両運転台を配し、側面の広幅窓には大型窓ガラスを嵌めて眺望に配慮した。車内は甲乙二室あって、定員八名の甲室には一席ずつ独立したソファが八席置かれ、定員一二名の乙室にはソファと同じような豪華なロングシートが置かれた。甲乙室の中間にはトイレがあった。各窓にはクリーム色の横引き式カーテンが設置され、床面は全面絨毯張り。また、車内各部には装飾金具の取り付けや装飾彫りによる細工が施され、高級感を演出していた。

この設計に際しては、当時の社長・上遠野富之助が欧米へ出張した際、現地にて目にした貴賓車の仕様が参考にされたと言われている。一九二七年という時期は、日本では鉄道車両の車体が木造から鋼製に移行するまさに過渡期に相当する。名鉄で同時期に導入された他の車両がすでに半鋼製車体を採用したにもかかわらず、トク3が木造車体で設計・製造されたのは、いろいろな特別仕様を施すには、鋼製車よりも木造車のほうが融通が利くという判断であろう。この点では前掲の東武鉄道のトク500形と同じ事情にあったと推測される。なお、連結器も当時にあっては旧式で、他車両がすでに自動連結器を採用していたのに、トク3号は連環式連結器を採用していた。

トク3号によるお召列車の運転は地元では大ニュースとして新聞に大きく報道され、名鉄社史にも大事に刻まれている。それらによると、トク3号の導入から半年後の一九二七(昭和二)年九月末、晴れ舞台がやって来た。陸軍特別大演習が犬山近辺で同年一一月に開催され、その視察に行幸する昭和天皇が押切町~犬山間にこの車両を使ったのである。

名鉄トク3号

今上天皇が行幸に際して、国有鉄道ではなく私鉄を利用するのは史上初のことであり、大ニュースになるのは当然であろう。ただしこの光栄の裏には並々ならぬ苦労があった。車両だけでなく、軌条・架線・保安装置などの徹底した点検が実施され、お召列車の運行区間のすべての枕木が新品に交換された。また犬山橋駅では、駅構内の踏切を一時的に撤去し、盛り土を行って段差が除去された。

乗務員には技量優良なる者が選ばれ、身体検査および思想調査を経て、運転士の加藤鎌太郎以下五名が指名された。重責を担った加藤は、失敗があれば切腹する覚悟であると周囲に伝えていたと言われている。

当時の名鉄は二両編成以上の定期列車の運行実績がなかったので、トク3号を挟んだ三両編成のお召電車の運転に際しては、とくに直通ブレーキの作動が念入りにチェックされた。

一九二七年一一月二〇日のお召列車運行当日は、全行程で上遠社長が先導を務め、役員以下すべての本社勤務の従業員が動員されて沿線警備などにあたった。一行は犬山駅にて下車後、犬山城へ立ち寄ったあとに犬山ホテルにて昼餐会を開き、木曽川畔を散策したのち犬山橋駅より帰路に就き、全行程は無事に終了した。後日、昭和天皇より加藤運転士以下五名の乗務員に対して銀盃が下賜されたほか、名古屋鉄道の全社員に対して、国旗を掲揚したお召列車車両が彫り込まれた記念メダルが配布された。

また、この行幸ののち、イギリスのグロスター公爵ヘンリー王子が来日した際にこのトク3号へ乗車したことが記録されている。

戦時に突入し、トク3号は一九四一（昭和一六）年に一旦除籍されたが、名鉄の宝として貴賓車専用庫にて厳重に保管された。一九四七年に一般用車両への格下げ改造が行われて復籍し、さらに一九五四年に名鉄から豊橋鉄道へ分割譲渡され、渥美線で一九六八年まで運用された。

京都市電気部貴賓車

京都市電（京都市交通局）の歴史は一八九五（明治二八）年に遡る。当時は民営の京都電気鉄道（京電）が狭軌を採用していたが、これを京都市が一九一二年に買収し、標準軌に改軌された。この時一挙に計一六六両の二軸単車の電車が製造されたが、そのうち二両が貴賓車に充当された。

この貴賓車は、当時の路面電車の構造に従い、両端の運転台が客室の外側に張り出したオープンデッキ型であった。屋根上中央にはダブルポールが設置され、折り返し地点で車掌がポールの向きを変えていた。貴賓車の二両は床板には松材、上張にはチークおよびケヤキ板が用いられ、側面は五枚窓、その上部の欄間には模様入りガラスがはめ込まれていた。しかし皇族の利用はほとんどなかったので、一九二三（大正一二）年には普通の市電に改造された。この時に運転台は雨さらしのオープンデッキ型から前面ガラス窓付きとなった。その後も長く使われたが、一九五〇年に廃車された。

南海鉄道1900号電車

1900号電車は、南海鉄道（現・南海電気鉄道）が貴賓車として一九三八（昭和一三）年に一両だけ製造させた一七メートル長の運転台付き制御車である。前年に製造されたモハ1201形と設計と構造を共通化させてはいるが、当時流行の流線形を採用して、一見まったく別形式に見える。眺望を考慮して1201形より腰板の高さが引き下げられ、窓より上部がアイボリー、窓下がダークグリーンのツートンカラーと洒落ていた。

この流線形前頭部の雨樋が中央でやや垂れ下がった独特のデザインは、

南海1900号「こうや」（南海電気鉄道提供）

南海1900号「こうや」の車内（南海電気鉄道提供）

京阪60形「びわこ」号や私鉄用流線型気動車群と共通で、一時広く伝播した造形である。ただし前面窓に当時としては珍しい曲面ガラスを三枚使用するなど、それらのなかでは最も洗練されている。

車内の前半分は運転台を含む展望室（A室）で、側窓も広窓として眺望が図られた。室内にはソファ、回転椅子、テーブルが置かれ、床には市松模様の床材が敷かれていた。側壁にはスタンドが取り付けられ、窓には巻き上げ式のベネシアンブラインドが取り付けられており、まさに流線形時代を象徴するアールデコ調である。車内の後半分は一般室（B室）で、クロスシートが設置されていたが、A室との仕切には大きなガラス窓を設けたので、B室からも前方の眺望がよく利いた。

デビュー以来、皇室の高野山参詣などに利用されたが、戦時中は高野山参詣どころではなく、紀ノ川口駅構内に、カバーをかけられて大事に留置されていた。貴賓車時代には何と山本五十六が利用している。太平洋戦争の始まる直前の一九三九年八月、海軍次官から連合艦隊司令長官に任命された山本は、東京から和歌之浦に停泊していた連合艦隊旗艦「長門」に向かう際、難波〜和歌山間をこの1900号で移動したのである。当時の慣例として、陸海軍の将官クラスの移動には、国鉄では一等車（連結されていない場合は二等車）を、私鉄の場合は貴賓車を持っていればそれを供していたらしいが、貴賓車の場合は豪華感が一入《ひとしお》である。ほんの一時間の旅程ではあったが、山本は皇族のような待遇に大変感激し、かつ大いに照れていたと伝えられている。

さてこの1900形が活躍するのは、貴賓車の役目を終えた戦後のことである。高野線の観光特急「こうや号」が一九五一（昭和二六）年に走り出したが、大事に保管されていたこのクハ1900号が注目され、一九五二年から高野側の先頭展望車として連結されたのである。1900号には座席指定制が導入され、目玉車両となって大いに人気を博した。戦前製ではあるが、この時代に流線形のカラフルな車両は希有な存在で、南海電鉄のみならず、私鉄のなかでもその豪華さは際立っていた。

しかし一九五八（昭和三三）年に高野線に新性能電車1001系が就役すると陳腐化が隠せなくなり、一九六〇年ついにクハ1900号は特急運用から離脱した。その後は運転台を完全に撤去してサハ1900となって一般車としてしばらく使われたが、一九七二年に廃車となった。

参宮急行電鉄サ2600形貴賓車

大和路・伊勢路を走る近鉄では、皇族をはじめとする貴賓客の利用が予想されたことから、一九四〇（昭和一五）年にサ2600形として豪華な貴賓車一両が製作された。「2600」という番号は「皇紀二六〇〇年」（一九四〇年・昭和一五年）にちなんだものである。当時の急行用主力であった2200系に挟まれて走行することを前提とした付随車で、運転台はなかったが、車体端に乗務員室が設置されていた。

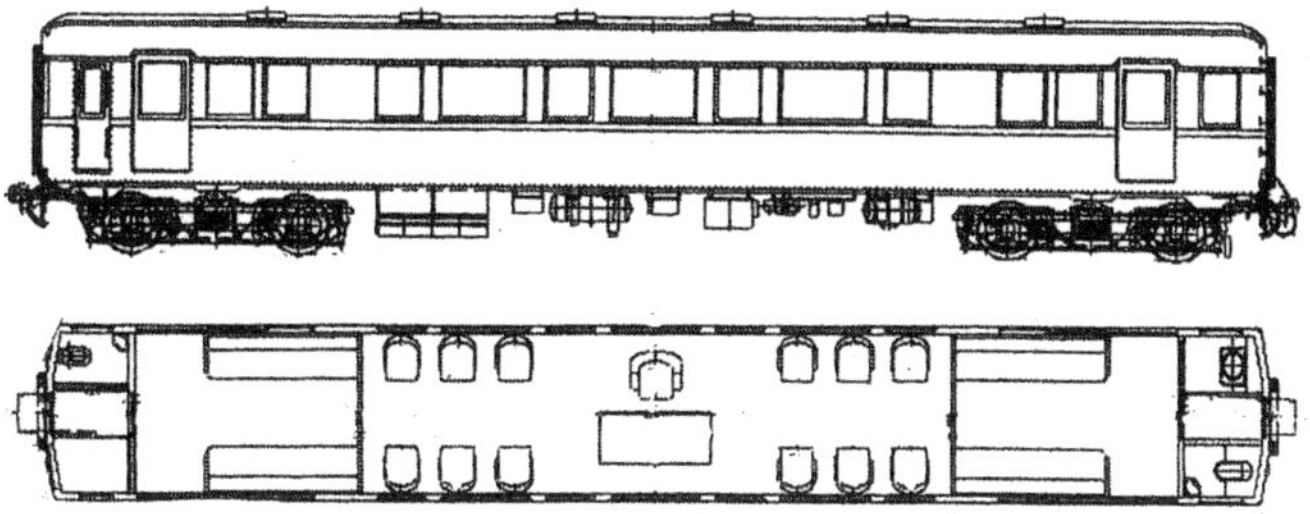

参宮急行2600型

定員二二名、車内は三室に区切られていた。中央部は貴賓室で、テーブルと天皇の着座も想定した一人掛けの特別席を置き、中央通路を挟んで一方には二脚のソファとサイドテーブルを交互に置き、もう一方には三脚のソファのみを置いた。側窓には広窓を採用して展望が配慮された。

中央貴賓室を挟む前後の両側の部屋は随行員室となっており、ロングシートが設置されていた。また、車両の両端部には洗面所とトイレが設置されていた。

このサ2600形は、皇紀二六〇〇年の記念行事では皇族や貴賓の利用はあったが、それ以降はほとんど使われず、戦時中は明星車庫に疎開して温存された。戦後も、一九四九（昭和二四）年四月に特急編成に組み込まれて義宮（常陸宮正仁親王）の乗用に供せられた以外は、ほとんど使用されなかった。そのため、一九五二年に一般の特急列車仕様に改造され、部屋仕切りや内装は撤去、車端部のトイレ・洗面所と乗務員室も潰された。車内全体にはオール転換クロスシートが設置され、室内照明には当時最新のカバー付き蛍光灯が付けられた。

一九六〇（昭和三五）年に新性能電車の10100系が投入されると、それまでの2200系や2250系は特急用から駆逐されて行った。こうした流れのなか、サ2600形はまずロングシートとクロスシートの併用に、さらに一九七〇年には完全なロングシート車に変わり、一九七四年についに廃車となり、解体処分されている。

京阪電鉄16号

京阪電気鉄道が一九一〇（明治四三）年に開業した時は、高速郊外電車のイメージからはほど遠く、デビューした1型は、集電にポールを用いる路面電車のような外観であった。このシリーズのうちの一両が貴賓車として整備され、16号と称された。しかし一九二七（明治二）年以降、京阪本線の車両が急速に大型化・高速化していくと陳腐化が否めなくなり、事実上使用されなくなった。

その後、一九二八（昭和三）年一一月に昭和天皇の即位の礼（御大典）が京都御所で行われることとなり、沿線に石清水八幡宮や伏見桃山陵など皇室ゆかりの社寺や陵墓が点在する京阪本線では皇族や政府高官による利用が見込まれたことから、初代16号に代わる新貴賓車の新造が決定された。

京阪16型のベース車となった京阪1550型

そこで当時最新の１５５０型と基本設計を共通する二代目貴賓車16号が製造され、一九二八年一〇月に竣工した。ベースとなる１５５０型の一両あたり建造費に比べ、三〇％方追加費用を掛けている。

二代目16号は単車運転を想定したので、両運転台式の車体長一六メートルの電動車になったが、集電装置はまだポール式であった。１５５０シリーズが全鋼製車（内装には木目印刷された化粧版が用いられた）であったのに対して、今度は内装に木材を多用するため、半鋼製車となった。客室は京都側から随行員室、便所・化粧室、貴賓室、ホール、給仕室という区画になっていて、貴賓室には六脚のソファが置かれ、内装材にマホガニー、床には絨毯が敷かれた。外観も独特で、側窓の上縁はカーブを描き、そのうち三枚は広窓であった。

このように京阪肝煎りの貴賓車ではあったが、なかなか出番がなく、一九三九（昭和一四）年に内装を一般の通勤電車と同様に変更、座席をロングシートにするとともに吊革を設置し、さらに電装部品を撤去して制御車に改造された。戦後も使用され続けたが、一九六〇年には両端の運転台が撤去されて付随車となった。その後一九六五年に除籍され、一九七二年に解体処分されている。

新京阪鉄道フキ500形

阪神間における阪急と阪神の熾烈な競争を目の当たりにした京阪電鉄は、大阪～京阪間に他の私鉄競争者が現れないうちに地位を不動のものとするべく、防衛策を講じることを決意した。その防衛策とは、淀川東側（左岸）の既存線に加え、淀川西側（右岸）にも自社線路を敷設することで、一九二二（大正一一）年に新京阪鉄道（現・阪急京都線）を設立した。

なにしろ新規に敷く高規格路線であったので、同線にデビューしたP－6形電車は、全長一九メートル、電動車の重量五二トン、出力八〇〇馬力という、当時日本で最大最強の高速電車であった。「超特急」は天神橋～京都間を三四分（表定時速七五キロ）で結び、山崎付近で並走する東海道線の特急「燕」を悠々と追い抜いて行ったというエピソードは有名である。

開業直後には「昭和の御大典」が迫っていたので、新京阪鉄道でも貴賓車としてフキ500形が用意された。こちらも全鋼製の一般車P－6型（のちのデイ100型）をベースとするが、やはり内装に木材を多用するので、あえて半鋼製の付随車の構造が採られた。

外観では側窓の一部を広窓とし、塗色も一般車両が濃褐色だったのに対して、この貴賓車のみ黄褐色に塗装されていた。貴賓室内にはゆったりとしたソファが置かれ、床には厚手の絨毯が敷き詰められた。ダミーではあるが大理石調のマントルピースも備え、その上に絵画を飾るといった凝りようで、随員室やトイレ、さらに調理室まで備えた本格的な貴賓車であった。

しかし残念ながら、こちらも皇族の使用はほとんどなく、戦時中の一九四四（昭和一九）年に当時の駐日ドイツ大使スターマーが特別列車仕立てで使用したくらいであった。戦後はしばらくそのまま保管されていたが、一九四九年に一般車への格下げ改造が行われた。この時点ではまだクロスシート仕様であったが、一九五九年にはロングシート化され、貴賓車の名残はほとんど払拭された。そして一九七一年に廃車・解体された。

ここでは最後に京阪、新京阪、阪急という三者の関係に言及せざるを得ない。すなわち戦中になると東西において電鉄会社の大同合併が相次ぐが、一九四三（昭和一八）年に京阪と阪急（阪神急行電鉄）が合併する。戦後になると、この大同合併はほぼ元通りの各電鉄会社に分かれることになるが、新京阪鉄道は、本来の親元である京阪

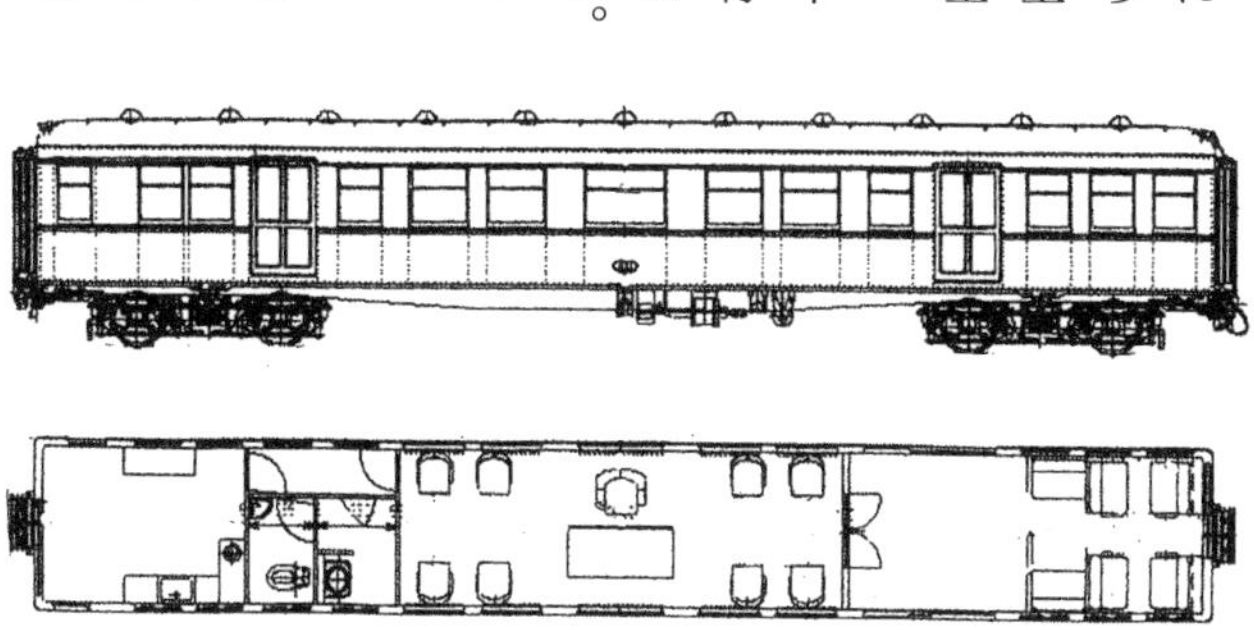

新京阪フキ500型

には戻らず、阪急に留まってその京都線になってしまったのである。阪急対京阪の力関係もあったが、分離前の一九四五年からは、新京阪線電車の阪急梅田駅乗り入れが開始されており、これが路線経営上の大きな判断ポイントになったのである。したがって、このフキ500形の車籍はデイ100型系統と同じく新京阪に始まり、戦後は阪急籍という人生を送ったのである。

第11章 クルーズ列車の時代へ

——現代の究極の豪華列車たち

1　クルーズ列車時代

最近、日本にも鳴り物入りのクルーズ列車が走りだして、その豪華さ、その高額な乗車料金などで話題になっている。しかしそのコンセプトは、前章までにご説明した豪華列車とは根本的に異なっている。

クルーズ列車の登場

これまでにご紹介した豪華列車（私鉄貴賓車を除く内外に著名な豪華列車）は豪華ではあるが、決まった路線を決まった時刻表に従って走る定期運行列車で、その区間においてはおおむね速達列車でもあった。「オリエント急行」「トラン・ブリュ」「あじあ」号などであり、例外はない。これに対してクルーズ列車の走行区間は常時一定ではなく、また毎日走るものではなく、季節に応じて不定期に走る。もちろん先行きのスケジュールは発表されるが、それを目指して多くの乗車希望者が殺到し、抽選されたうえに、きわめて高額な料金を支払わねばならない。それらは「流れが止まった時空」「魅力的な観光地」「自分自身を着飾る喜び」「着飾った人々を見る喜び」「出会いのときめき」「記憶に残るグルメ」などの非日常的舞台を提供することを目的としている。

昔は鉄道であれ、船であれ、あるいは飛行機、自動車であれ、交通機関はすべて基本的に移動手段であった。やがて金持ちを対象にした豪華な乗り物として、オリエント急行をはじめとする豪華列車、豪華客船タイタニック号の一等船室、パンアメリカン航空のファースト・クラス、ロールスロイスといった高級車が出現した。鉄道との比較では、とくに船に注目していただきたい。移動手段としての船は、スピードでは飛行機にまったく敵わず、多数のビジネス客を失ったが、その代わりに飛行機では味わえないゆったりとした豪華さを売り物にしてクルーズ客を獲得した。

かつて外航船の銀座通りであった北大西洋ルートでは「タイタニック」「ノルマンディー」「クイーン・メリー」「ユナイテッド・ステーツ」などの名だたる豪華船が鎬《しのぎ》を削っており、スピード記録を作った船には「ブルー・リボン賞」が与えられたことは周知のとおりである。

しかし戦後になって航空機が発達すると、大きな変化が起こった。一九五五年頃に大型プロペラ機が就航し、一九六〇年頃に大型ジェット機が就航すると、国際的旅客シェアは瞬く間に船から航空機に移り、一九七〇年頃をもって「オーシャン・ライナーの時代」の幕が降ろされた。船会社にとっては死活問題である。そこで各社は従来の豪華客船に代わるものとして、不定期の豪華観光船としてクルーズ船に光を当てた。豪華船にちょっと手を加えればすぐクルーズ船に転換できたし、クルーズ市場が順調に拡大するにつれて、新造船もだんだんと投入され、大型化していった。日本でもこのようなクルーズ船を利用する旅行者がだんだんと増え、一九九一（平成三）年就航の「飛鳥」を皮切りにいろいろ新造されている。アメリカ人に人気のあるカリブ海クルーズや中国人団体客のクルーズ船などを見ていると、船はどんどん大型化する一方料金は安くなり、クルーズの雰囲気も庶民化してきている。これは注目すべき傾向である。

鉄道におけるクルーズ列車も、クルーズ船誕生と軌を一にするところがある。とくにヨーロッパ大陸では航空機の就航によって、長距離を走る豪華定期列車は使命を終えていった。航空機による打撃は鉄道の場合、船ほど深刻ではなかったが、クルーズ船の隆盛に刺激されたことは否めない。

その典型は「オリエント急行」であろう。パリ〜イスタンブールを走った定期列車の「オリエント急行」は、末期は出稼ぎ列車に成り下がって一九七七年に終焉したが、クルーズ船よろしく、何とかこれを新たに豪華列車として復活させたいという企画が自ずと起こったのである。まずスイスの旅行エージェントのインターフルーク社が一九七六年三月のミラノ〜イスタンブール間のクルーズを企画したところ、大変好評だったので、その後も「ノスタルジック・オリエント急行」（NOE。一九八三年以降はイスタンブールが加わり、NOIE）と命名して、チューリヒ〜イスタンブール間に運行することになった。そのため、かなりの金額を投入して戦前の豪華客車であったワゴン・リ客車、プルマン客車などを購入している。

NOIEには日本も関係がある。一九八八（昭和六三）年、フジテレビがこの列車をはるばるパリから取り寄せ、日本国内周行を行ったことはまだ記憶に新しい。シベリア鉄道と中国の鉄道を経由して、香港から貨物船で運ばれたオリエント急行は、まず日本で走れるように日立製作所で改造を受け、足掛け三ヵ月にわたって国内ツアーに用いられた（この時運用された客車のうち一両が箱根ラリック美術館に保存されている）。この列車はその後所有者が代わったりしたが、今でもクルーズ列車として運行されている。

このほかの海外のクルーズ列車としては、豪華なプルマン式列車で廻るイギリス国内の「ブリティッシュ・プルマン」、スペイン国鉄が始めた豪華クルーズ列車「アンダルス」、インド西部の砂漠や宮殿を巡る「パレス・オン・ウィール」、クアラルンプール〜シンガポール間の「ロイヤル・オリエント・エクスプレス」などがある。これらすべては一九八〇年頃から走りはじめていることが時代感覚として重要であろう。

日本のクルーズ列車の嚆矢は、よく知られているように、二〇一三（平成二五）年にJR九州が電撃的にデビューさせた「クルーズトレインななつ星in九州」である。その後、二〇一七年にはJR東日本の「TRAIN SUITE四季島」、きびすを接してJR西日本からは「TWILIGHT EXPRESS瑞風」と三列車が出揃った。

海外に比べて三〇年も遅れて登場した日本のクルーズ列車であるが、今のところ、その人気、予約の難しさ、高額料金など一挙に世界最高クラスに躍り出たのであるから、私もよくこんな市場があったものだと、驚いている。それではこれら三列車の特徴をデビュー順に見ていこう。

JR九州「クルーズトレインななつ星 in 九州」

この列車名は、九州の七つの県（福岡県・佐賀県・長崎県・熊本県・大分県・宮崎県・鹿児島県）と、九州の主な七つの観光素材（自然・食・温泉・歴史文化・パワースポット・人情・列車）、さらに七両編成の客車を表現したものである。九州各地を巡るクルーズ

「クルーズトレインななつ星 in 九州」（霧島神宮〜国分間、JR九州提供）

トレインで、一人あたりの料金は二〇一八年一〇月現在、一泊二日で三一万五千円～四六万五千円（車中泊、二名一室利用時一名あたり）、三泊四日で六七万五千円～九五万円（車中二泊・旅館一泊）で、関東・関西などの国内観光客や世界の富裕層を主なターゲットにしている。

ＪＲ九州ではこの列車を「大人の空間」と位置づけているため、乗客は中学生以上に限定され、また場面に応じたドレスコードが定められ、ジーンズやサンダルは禁止である。車内は全面禁煙で、寝台個室にテレビは設置しないところが、かえって洒落ている。

列車は寝台車五両とダイニングカー、ラウンジカーの七両で構成される。寝台車は二名定員（ＤＸスイートは三名定員）の個室構造で、スイート一二室、ＤＸスイート二室の計一四室、定員は計三〇名である。列車内外装のデザインはＪＲ九州の看板列車を手掛ける水戸岡鋭治が担当した。彼は最初パノラマ窓を使って、近未来風のデザインをイメージしたが、当時のＪＲ九州社長・唐池恒二が反対し、その後熟考の末「懐かしくて新しい」という発想に切り替えて、今のデザインが完成したという。

「クルーズトレインななつ星 in 九州」1号車ラウンジカー（JR九州提供）

運行効率や経済性を考えると、一〇両編成あたりにしたかったが、JR九州内の山間部の線路・駅設備などの制約が大きく、機関車を入れて八両、全長一六〇メートルが限界という結論となった。

寝台個室は全室シャワー・トイレ付き。ただし、水タンクの容量が二日分しかないため、三泊四日コースの場合は二日目の夜（旅館泊）に車両を一度車両センターに回送して、水と燃料を補給する。

客車七両のうちのハイライトはラウンジカー「ブルームーン」で、ラウンジと展望室を設け、大窓やバーカウンターを備えている。ピアノを据え付け、食事時間にはダイニングカーの2号車とともに食事を楽しむ空間として使用、夜間はバーになり、ゆったりと過ごすこともできる。

JR東日本「TRAN SUITE四季島」

「四季島」とは、日本の美しい「四季」と、日本の古い国名「敷島」の掛け言葉である。季節を含めた時間の移り変わりと、列車で移動する空間の移り変わりを楽しもうとの想いが込められており、このコンセプトを「深遊探訪」と表現している。

JR東日本のこの列車の計画は二〇一三（平成二五）年に始まり、二〇一四年には奥山清行がプロデュースを担当した車体のデザインが公表された。列車は一〇両編成で、超モダンな印象を与える造形で構成されている。そのうちのハイライトは、何と言っても両端の展望車である。基本的に自走列車なので、両端には運転室があるが、運転室との間仕切りをガラス張りとしているため、客室からも前方・後方視界を充分に楽しめる。こうしたレイアウトはドイツのICEと共通する。中間の5号車にもラウンジカーが連結され、オブジェやディスプレイで乗客を驚かせる。バーカウンターも設けられている。食堂車は、土地の旬を食し、乗客同士が語らう場とし、室内の壁面には銀箔風の内装材など和のテイストを有する素材があしらわれ、床には大理石が敷かれている。テーブルは二人用のもの（正方形と半円形）を大きな窓に合わせて九台配置、椅子一八脚を配置している。

面白いのは、発着駅が「上野」と特定されているところである。始発・終着を兼ねる上野駅に「四季島」専用のホームと専用ラウンジ「プロローグ四季島」を設け、出発前の一時の寛ぎのほか、列車帰着後は「この旅がまだ続く旅」であるようにフェアウェルパーティを開く。ここまで乗客の心に記憶を強く留めようとする試みは「復活オリエント急行」にも、JRの両ライバルにもないのではなかろうか。一九三〇年代の欧米の豪華列車で行われたレッド・カーペット・トリートメントのさらに上を行く演出といえよう。

「TRAN SUITE 四季島」のラウンジ（JR東日本提供）

「TRAN SUITE 四季島」外観（JR東日本提供）

JR西日本「TWILIGHT EXPRESS瑞風」

一九八九（平成元）年から二〇一五年まで二六年間にわたって運行された寝台特急「トワイライトエクスプレス」の後継として、二〇一七年に営業運転を開始したのが「瑞風」である。「ななつ星」や「四季島」同様、新しい時代の新たな豪華クルーズ列車として今後の活躍が期待される列車である。列車名の「瑞風」とは、稲穂がたわわに実る日本の美称「瑞穂の国」に吹くみずみずしい風の意であり、吉兆を象徴している。

「美しい日本をホテルが走る」を車両のデザインコンセプトとし、JR西日本の車両の共通コンセプトである「安全で、明るく、広く、静か、快適」を追求した列車でもあるが、もっと強烈に、具体的に何か懐かしい「ノスタルジック・モダン」を追求した結果、「アールデコ」様式を採用することになった。「アールデコ」様式は一九三〇年代に流行した流線形に象徴される美しく機能的なデザインのことであり、工業デザインとも一脈通じるものである。

惣郷川橋梁を渡る「TWILIGHT EXPRESS 瑞風」（JR西日本提供）

車内のインテリアデザインは直線的・機械的で、コンパスで描いたような同心円などを多用する。家具・備品類・アートは職人の手により作られた西日本地区の伝統工芸品で、スイッチプレート・釘隠・陶芸・カットガラス・ハンガー彫刻などを取り入れている。車両のエクステリアデザインは建築家の浦一也、インダストリアルデザイナーの福田哲夫が担当した。

列車は自走できる一〇両編成で、共用スペースはダイニングカー一両、ラウンジカー一両、展望スペース付き先頭車二両であることも「四季島」と同じである。このなかで「瑞風」編成のデザインを象徴し代表するのは、何と言っても両端にある展望車である。

流線形の先頭部にはオープンデッキと運転台が設置されており、運転台の後方部分はガラスで仕切られて前方の景色が見られるように配慮されている。中間に連結されているラウンジカーは木目を多用した落ち着いた空間に仕上がり、バーカウンター、茶の卓、ブティックスペースが設けられている。

また、「瑞風」の運行に合わせて大阪駅、京都駅、下関駅に専用ラウンジを設けているのも注目すべき点であろう。

「TWILIGHT EXPRESS 瑞風」のロイヤルツイン（JR西日本提供）

表11-1　JR３社のクルーズ列車の比較

列車名	ななつ星	四季島	瑞風
運行者	JR九州	JR東日本	JR西日本
運行開始時期	2013年10月	2017年5月	2017年6月
運行区間	九州	東北、上信越、北海道	山陽、山陰など
動力車	電気式DL（1M7T）	EC兼電気式DC（6M4T）	電気式DC（4M6T）
乗客車両数	7両	10両	10両
共用車両数	2両	4両	4両
寝台車両数	5両	6両	6両
乗車定員	28名	34名	34名
列車建造費	約30億円	約50億円	約50億円
デザイン基調	懐かしい和風	モダニズム	アールデコ

さて改めてこれら三列車を並べて眺めて見ると、

ＪＲ三社のクルーズ列車の比較

共通点と相違点がはっきり浮かんでくる（表11－1）。

共通点としては、三社とも各々はっきりしたコンセプトとデザイン基調を見定めて列車を造り上げており、各々、水戸岡鋭治、奥山清行、福田哲也ら社外のデザイナーを起用している。彼らは新幹線車両のデザインにも携わったと聞かれている方もおられるであろうが、それはあくまで意匠面であって、空力的造形は流体力学を修めたＪＲ社内の技術者が行っている。ところが、在来線を比較的ゆったりと走る豪華クルーズ列車では空力的造形は絶対条件ではなく、彼らも今度こそ、思う存分に力を発揮できたのである。

「ななつ星」と「瑞風」では懐かし味を出すために内装に木目を多用し、やや暗色系統の落ち着いた雰囲気を醸し出している点が類似している。ただし「ななつ星」は和風味、「瑞風」は洋風味を追っている。一方「四季島」は現代風の安らぎを求めた点が大いに異なり、内装には木目も一部あるものの、全体的には明色系になっている。

列車編成から見ると「四季島」と「瑞風」がきわめて類似している。すなわち計一〇両の自走車で構成され、四両が全乗客共用のスペース、残りの六両に寝台が割り振られ、定員は両列車とも三四名と贅沢な運用になっている。これに対して「ななつ星」はディーゼル機関車に牽かれる計七両の客車編成なので、二両の共用車を差し引くと、寝台車は五両、定員は二八名とやや少ない。

前述の「復活オリエント急行」は概して、ロンドン、パリからヴェネツィアまで走り切るようであるが、「ブリティッシュ・プルマン」や「パレス・オン・ウィール」などは途中下車の食事や宿泊もあるようで、ＪＲの三クルーズ列車もその仕組みになっている。多くのクルーズ船と同じ要領である。

いずれの列車も速達性は求めず、ゆったりとした周遊をねらっているので大出力は必要としないが、非電化区間でも走れるようにディーゼル機関を動力源に備えている。ただしＪＲ東日本域内は電化率が高いこともあって、「四季島」は電車編成として走るケースを主体に考えられている。

三列車とも肝煎りの列車であるため、建造費はきわめて高額で、一両平均四～五億円もかけている。在来線の新型電車やディーゼルカーがおおよそ一・五億円、最新の新幹線車両が二・五億円であるから、いかに贅を尽くした車両であるか、おわかりいただけよう。

日本におけるこういうクルーズ列車の嚆矢として「ななつ星」が四年ほど先行したが、こういうアイディアの淵源は、むしろ一九九九（平成一一）年からＪＲ東日本が運行を始めた「カシオペア」にあるように思われる。上野～札幌間の寝台特急として、以前から「北斗星」と「トワイライトエクスプレス」が運行されていたが、このサービス水準を大きく上げようと考えたＪＲ東日本が投入したのが「カシオペア」であった。銀色に光る専用客車を新製して寝台はA寝台だけに統一、さらにグレードアップしたスイート、デラックス、ツインなどを設定し、食堂車では高級なフランス料理を提供するなど、当時としては破格の豪華さと高価格で目立っていた。ただし、一定区間を定期運航したという点で、上記三つのクルーズ列車とは運行形態が根本的に異なっている。北海道新幹線の開業に伴い、「カシオペア」は二〇一六年三月に運行停止となったが、今後はクルーズ列車に転換されて行く予定である。

伊豆急「ザ・ロイヤル・エクスプレス」（東急電鉄提供）

なお二〇一七年には、以上ご紹介したJR三社の出した長距離用豪華クルーズ列車の向こうを張って、短距離用豪華クルーズ列車も誕生している。伊豆急行の「ザ・ロイヤルエクスプレス」である。

伊豆急行「THE ROYAL EXPRESS」

東急電鉄とその子会社である伊豆急行が共同で制作した新たな観光列車「THE ROYAL EXPRESS（ザ・ロイヤルエクスプレス）」は二〇一七（平成二九）年七月に運転を開始した。走行区間は横浜～伊豆急下田間で、JR東海道本線、JR伊東線、伊豆急行線に乗り入れる。他のクルーズ列車よりも走行区間が短いこともあって、「クル

伊豆急「ザ・ロイヤル・エクスプレス」のプラチナクラス（東急電鉄提供）

ーズ」と「片道」、二種類の乗車プランがあることが特色である。すなわち、列車への乗車（車内での食事付き）＋伊豆の旅館やホテル宿泊＋観光がセットになった一泊二日の「クルーズプラン」と、列車への片道乗車に車内での食事がセットになった「食事付き乗車プラン」である。初回の運行では「クルーズプラン」が一三万五〇〇〇円から、「食事付き乗車プラン」が二万五〇〇〇円からとされた。

　車両は、伊豆急が普通列車や特急「踊り子」などに使用していた電車を全面的に改造したもので、八両のうち客室は四両のみ。そのほかの車両は、3号車が展覧会や結婚式などに使用できるフリースペースの「マルチカー」、4号車は一両全体が厨房の「キッチンカー」、5・6号車は上級の「プラチナクラス」乗客用の食堂車で、走行中にピアノやバイオリンの生演奏が行われる。1・2号車は「ゴールドクラス」用座席車、7・8号車は「プラチナクラス」用座席車である。デザインは、JR九州の「ななつ星」などを手掛けた水戸岡鋭治であり、内装はやはり木材をふんだんに使い和風色を出している。近距離運行であるため寝台車は不要で、座席車をベースとするので八両編成で一〇〇人が乗車できる。JRの豪華三列車に比べれば、随分多く乗せる印象を持たれるかもしれないが、一般列車に比べれば、大変に贅沢である。

2　クルーズ列車の本質

最大の贅沢は究極人の温もり

毎日走る速達列車とクルーズ列車では、基本的に要求される要件が大きく異なる。その違いは客車部分の設備もさることながら、きめ細かいサービスの有無にあるといえよう。速達列車は、速達こそが売りであり、サービスを受ける時間もあまり必要ないが、一世一代で乗るクルーズ列車では、受けたサービスこそが重要な想い出となろう。こういう列車内のサービスの質を比較するのは難しいが、量的な観点から比較することは可能である。サービスを受ける側の乗車定員と、サービスを行う乗務員数（運転・保守乗務員を除いた客室乗務員数であればより明確）の比率である。

そこで、よく知られている速達列車とクルーズ列車、戦前の定期船（ライナー）と戦後のクルーズ船からもいくつか選び、比較をしてみた。なお、クルーズ列車では乗客定員は明示されているが、客室乗務員数は通常公表されていないので、いくつかの間接的資料からの類推になっている。また客船では、定期船・クルーズ船ともに乗客定員と乗務員数は明示されているが、この乗務員数のなかには運転、保守、通信など直接乗客サービスに携わらない乗務員もかなり含まれているはずなので、実際は相当差し引かなければならないであろう。とはいえ、こういう指数を大局的に比較していただくことが肝要で、詳細数字はご放念いただきたい（表11－2）。

さて定期列車の典型である新幹線「のぞみ」と最近のクルーズ列車を比較すると、この指数では

表11-2　主な定期船・クルーズ船と定期列車・クルーズ列車の比較

区分	船名・列車名	登場年	サイズ	定員（人）	乗務員（人）	比率
定期船	あるぜんちな丸	1939	1.3万トン	901	183	4.92
	浅間丸	1929	1.7万トン	839	329	2.55
	クイーン・エリザベス	1940	8.4万トン	2,283	1,000	2.28
	タイタニック	1912	4.6万トン	1,324	899	1.47
クルーズ船	ハーモニー・オブ・ザ・シー	2016	22.0万トン	6,400	2,100	3.05
	クイーン・エリザベス	2010	9.1万トン	2,077	1,000	2.08
	飛鳥Ⅱ	1990	5.0万トン	872	470	1.86
	オイローパー2	2013	4.3万トン	500	370	1.35
定期列車	新幹線「のぞみ」	1992	16両	1,323	6	220.5
	満鉄「あじあ」	1934	6両	340	14	24.29
	オリエント・エクスプレス88	1988	13両	74	26	2.85
	ブルートレイン	最新型	18両	132	42	3.14
クルーズ列車	ななつ星	2013	7両	28	14	2
	四季島	2017	10両	34	15	2.27
	瑞風	2017	10両	34	10	3.4
	ザ・ロイヤルエクスプレス	2017	8両	100	6	16.67

何と二桁も異なり、戦前の豪華定期列車・満鉄「あじあ」号でもちょうど一桁違っている。クルーズ列車に破格なほど人員が投入されていることがわかっていただけると

郵船クルーズの豪華客船「飛鳥Ⅱ」（郵船クルーズ提供）

思う。

一方、客船を見ると、定期船とクルーズ船との間には、指数に大きな差は認められない。ただし前述したように、純粋な接客乗務員に絞ればずっと大きな差になろう。定期船では、戦前に建造された「あるぜんちな丸」は移民船で三等船客が多かった。映画でもお馴染みの「タイタニック」は船底に詰め込まれた三等船客も多かったが、一等船客も多く、たとえばオーケストラ要員も含め、かなりの接客乗務員を必要とした。最近のクルーズ船同士で比較すると、大型船になればなるほど、この指数が上がって行く。すなわち二〇万トンにも達する超大型クルーズ船は比較的大衆的で、数万トンの客船が一番豪華で、またクルーズ運賃も高価になるようである。

クルーズ列車のルーツは周遊列車にもある

何とも庶民には縁遠いクルーズ列車ではあるが、そのルーツの一つは昔の周遊列車にあるともいえる。定期列車ではなく臨時列車を仕立て、到着地での観光と宿泊スケジュールが組まれ、予約制とした点は現在のクルーズ列車と同じである。ただし、そのために特別な客車を新製ないし改造していないし、料金も値頃に設定されている点はだいぶ異なる。

周遊列車の最初は、一八九四年に日本鉄道が土曜日、日曜日に

周遊団体列車の車内（明治44年）

設定した日光日帰り列車で、その後、ほかの鉄道会社も追随した。
たとえば総武鉄道は、一九〇五（明治三八）年に両国～銚子間に周遊列車を運行している。早朝五時一五分の出発にもかかわらず、四〇〇名以上が参加したというから、周遊列車の人気は明らかに上り調子であった。官鉄では一九〇五年一一月に新橋～京都間に紅葉狩りの周遊列車を設定して一五〇名を募集したところ、希望者が多く一八〇名に増員したという。その延長なのか、幹線国有化後にできた鉄道院では八月に新橋～京都間に琵琶湖・保津川観光の周遊列車を運行している。

長距離周遊列車　琵琶湖と保津川下り――鉄道院に於ては来る八月五日より九日に亙り琵琶湖周遊、保津川下り、京都、石山遊覧臨時列車を運転するとし、今回は二等旅客のみとし、定員二百五十名、乗車賃五割引、通行税共六円なりと。尚該当割引券は臨時列車の乗車の場合のみに通用し、新橋、東京市内営業所、品川、横浜、横浜市内営業所に於て来る三十一日より発売する由。周遊行程は新橋、品川又は横浜より出発し長浜の下車、琵琶湖周遊、京都より亀岡に至り保津川を下り嵯峨より京都及石山を経て発駅に帰着するものにて、旅客の希望に依り保津川下りを見合せ亀岡、嵯峨間の臨時列車に乗車するは随意なりと云ふ。（『朝日新聞』）

二等車だけの編成の臨時列車として、鉄道院はプティブル意識をくすぐりつつ、乗車賃を五割引にしたのであるから、希望者が殺到しないはずはない。ささやかながらオプションコースが付いていることも先駆的といえよう。初代鉄道院総裁・後藤新平はなかなかの商売人でもあった。

この頃より観梅、月見、松茸狩り、海水浴など、大小、遠近各種の周遊列車ブームが到来し、一九〇八年には鉄道省だけで八一本もの周遊列車を運行している。一九〇五（明治三八）年の日露戦勝後の高揚感からなのか、とにかくレジャーブームが起こったといえよう。今のクルーズ列車に比べれば、あまりにも庶民的、あまりにもささやかではあるが、特別列車を仕立てて、非日常的な楽しみを追求するというスタンスはまったく共通している。

そして一番驚くのは、まだ物不足で不自由な戦後間もない時期に、当時としては超豪華な回遊列車が運行されたことである。一九四九（昭和二四）年三月、盛岡の農業者三六〇名の団体が出雲詣でをハイライトにして、盛岡～日光～善光寺～永平寺～出雲大社～宮島～琴平～橿原～高野山～鎌倉～成田～盛岡と三〇〇〇キロを一七日かけてめぐる貸切列車の旅が企画された。旅行会費は一人一万三〇〇〇円（現在価値で約一〇〇万円）、道中の小遣いや土産物代まで入れると二万円にも及ぶ出費となる。当時の食糧難を背景にした「百姓大尽」にのみできた豪華旅行であった。参加者は中年以上で女性が四割を占めた。岩手医大の若手医師二名、看護婦二名、芸人八名を同行させ、お手の物の米は一人二斗ずつ持ち込み、車中では酒盛りが始まった。これは例外中の例外ではあるが、一九四九年頃にはささやかな周遊列車も走りだし、上野発水戸偕楽園行の観梅列車などが動き出している。

ここで最近のJR三社のクルーズ列車にふたたび目を向けると、鉄道復権の狼煙の華やかな火付け役と言え、誠に結構なことであるが、最近のクルーズ船の大衆化傾、昔の周遊列車の庶民性などに照らしてみると、もっと手軽なクルーズ列車がたくさんあってよいはずである。潜在需要もあろうし、JRならばやってやれなくはないであろう。既存の車両にちょっと手を加え、あまり行かない赤字路線もコースに入れればよい。私などは肝いりの豪華な新製車両よりも、むしろ旧《ふる》い懐かしい客車を若干手入れして、必ずしもSLでなくてもよい、懐かしいELやDLに牽かれてゆっくり知らない線を走ってみたい。歳のせいか、そうした値頃なクルーズ列車のほうに憧れる。

新幹線は豪華列車に非ず、快適列車なり

「夢の超特急」とは、新幹線開業前にマスコミによって付けられたキャッチで、一種のあこがれも秘められていたが、国鉄としては行き詰まった東海道線の輸送力増強という、きわめて切実な目的も伴っていた。そこに「どうせやるなら……」という大英断が加わったわけであるが、「夢の超特急」という呼び名から受けるイメージとして、デラックスな列車では決してない。この電車の設計では、近代的で無駄のない実用的な列車にまとめ上げることが目標となっていたのである。

高速運転に対する保安と高性能の確保、乗り心地の向上にはできるだけの考慮が払われているが、展望室や娯楽室、本格的な食堂など、デラックスな気分を味わうような贅沢な設備は対象外とされ、取り上げられていない。車種は一等および二等の座席車と軽食堂（ビュフェ）だけであるが、とくに余計な費用をかけないように心がけ、「簡素のなかの美しさ」が、車内デザインを担当した国鉄と車両メーカーの設計陣の基本理念であった。

こんな新幹線を追いかけて、世界で二番目の高速新線を計画し出したフランスの反応は、ちょっと屈折していて微妙である。一九六九年、パリの国際鉄道連合（UIC）本部に駐在した山之内秀

一郎（JR東日本副社長・会長を歴任。のち宇宙航空研究開発機構〈JAXA〉初代理事長）に向かってフランス国鉄の友人は次のように開陳したという。

日本の新幹線にはこれとかいった革新的な技術は何もないね。新しい線路さえつくることができれば、あの程度のことはわれわれでもすぐできる。新幹線が生まれるまでは、われわれにとって日本の鉄道など全く眼中になかった。鉄道の世界の中に存在しないも同然だった。ところが、いまでは日本がくしゃみをするとフランスは風邪をひく。

（山之内秀一郎『新幹線がなかったら』朝日文庫）

もっとも、TGV開通とともにフランスで出版された『TGVの挑戦』では「新幹線という前例なくしてTGVはあり得なかった」ことを認めている。

TGVは東海道の息子であり、イタリアのディレティシマの従兄弟だ。〈中略〉常識をくつがえした全く異なったシステム（たとえば特急列車にだけ特化して、高速運転用に真っ直ぐな線路を建設したこと）を採用したことによって日本はそのパートナーたちと競争相手に強い印象を与えた。〈中略〉「ひかり」と「こだま」を混ぜ合わせた高密度運転、そしてこの鉄道は世界で初めての信号機のない鉄道であり、連続した車内信号、CTC、ATCなどなど……。サービスのほうは粗末とは言わないまでも、シンプルである。両側に二列と三列の座席が並び、通路には断え間なく車内販売サービスがある。これはまさしく大量輸送そのものである。

（同前書）

そもそもヨーロッパの高速列車はほとんど例外なく「トラン・ブリュ」「ゴールデン・アロー」「ラインゴルト」「ミストラル」「セッテベロ」「アキテーヌ」などの固有愛称が付けられた豪華列車であった。一日一、二本しか走らず、ゆったりした豪華な設備であったので、乗車定員もきわめて限られていた。しかし一九七〇年代に入ると、それでは時代のニーズに合わないと、代わって高速列車が現れた。豪華車両やグリーン車よりも普通車の連結両数を増やし、若干スピードアップし、一、二時間に一本程度に頻度を増した列車で、「ＩＣ」＝「インターシティー」と称する大衆化したビジネス特急に置換されていった。しかしこの「ＩＣ」に比べても新幹線はもっと速く、簡素にビジネスライクに、頻繁に……ともうはっきりと大量輸送を狙っていたのである。この考え方こそヨーロッパにはなかったもので、そこに筆者は最大の衝撃を受けているのである。

あとがき

私は日本近代史、鉄道史、交通史などの研究をライフワークとしており、自分でテーマを立てては調査・研究をしている。これまでに上梓した本も同様で、鉄道の文化史的側面、あるいは技術発達の歴史をテーマとする本など、幸いなことに、鉄道関係に限っても何冊か上梓することができた。本書のテーマである「鉄道の快適化」もそうした個人的研究テーマの一つであり、今回は縁あって創元社から出版させていただくことになった。関西出版界の雄として長い伝統を誇り、ビジネス書から図鑑まで多彩なラインナップを有する創元社との出会いは、まさに僥倖であった。矢部敬一社長をはじめ、関係者の皆様に御礼申し上げる。

これまで私の著作は新書が多かった。大変ありがたいことではあるが、テーマによってはもう少し書きたいと思うことがあったのも事実である。今回は無理を言って、いろいろなトピックスを詰め込ませていただいた。おかげで国内の鉄道に関する記述をメインとしつつも、海外の歴史や事例も盛り込むことができ、従来の拙著に比して、いくらか多面的に鉄道の快適化のあゆみを論じることができたのではないかと思う。

編集担当の堂本誠二氏には、私の志向する鉄道文化という観点をふまえたうえで、今回の試みに十分なご理解をいただいた。最初は東西に分かれての交信や協業にやや不安を覚えたが、これはまったく杞憂に終わり、取り立てての難儀は一切感じなかった。種々のお力添えに深謝申し上げる次第である。

二〇一八年八月

小島英俊

主要参考文献

澤寿次、瀬沼茂樹『旅行一〇〇年』日本交通公社、一九六八年
毎日新聞社『旅情一〇〇年・日本の鉄道』毎日新聞社、一九六八年
日本国有鉄道・工作局『一〇〇年の国鉄車両－一・機関車』交友社、一九七四年
日本国有鉄道・工作局『一〇〇年の国鉄車両－二・客車』交友社、一九七四年
日本国有鉄道・工作局『一〇〇年の国鉄車両－三・電車』交友社、一九七四年
久保田博『日本の鉄道車両史』グランプリ出版、二〇〇一
久保田博『鉄道重大事故の歴史』グランプリ出版、二〇〇〇年
かわぐちつとむ『食堂車の明治・大正・昭和』グランプリ出版、二〇〇二年
小島英俊『鉄道という文化』角川選書、二〇一〇年
小島英俊『時速三三キロから始まる日本鉄道史』朝日文庫、二〇一二年
小島英俊『鉄道技術の日本史』中公新書、二〇一五年
W・シヴェルブッシュ／加藤二郎訳『鉄道旅行の歴史』法政大学出版局、一九八二年
日本国有鉄道『日本国有鉄道百年写真史』交通協力会、一九七二年
秋山芳弘『図解 鉄道の技術』PHPサイエンス・ワールド新書、二〇一三年
三宅俊彦他『電化と複線化発達史』JTBキャンブックス、二〇一一年
長船友則『山陽鉄道物語』JTBキャンブックス、二〇〇八年
松平乗昌『日本鉄道会社の歴史』ふくろうの本、二〇一〇年
沢井実『日本鉄道車輌工業史』日本経済評論社、一九九八年

フィリップ・バグウェル／梶本元信訳『イギリスの交通』大学教育出版、二〇〇四年
本城晴久『馬車の文化史』講談社現代新書、一九九三年
森永卓郎監修『物価の文化史事典』展望社、二〇〇八年
中野重治『汽車の罐焚き』細川書店、一九四七年
市原善積『満鉄特急あじあ号』原書房、一九七六年
天野博之『満鉄特急あじあの誕生』原書房、二〇一三年
片野正巳・赤井哲朗『私鉄電車プロファイル』機芸出版社、一九七〇年
海人社『世界のクルーズ客船二〇〇七-二〇〇八』海人社、二〇〇九年
Harry Golding, *The Wonder Book of Railways*, Ward Lock & Co, 1925
George Behrend, *Luxury Trains*, The Vendome Press, 1982
David Jenkinson, *British Railway Carriages 1900- 1953*, Pendragon, 1996
Alain Rmbaud et al., *Encyclopédie des Voitures SNCF*, La Vie du Rail, 2004
James Porterfield, *From The Dining Car: The Recipes and Stories Behind Today's Greatest Rail Dining Experiences*, St Martin's Press, 2004
Joe Welsh, *Travel Pullman*, MBI, 2004
Michael Freeman, *The Atlas of British Railway History*, Mackay of Chatham, 1965

小島英俊（こじま・ひでとし）
1939年東京都生まれ。東京大学法学部を卒業後、三菱商事㈱の化学品部門で国内外に勤務したのち、㈱セデベ・ジャポン（食品事業）を起業、代表取締役を務めた。鉄道史学会会員。著書：『文豪たちの大陸横断鉄道』（新潮新書）、『外貨を稼いだ男たち――戦前・戦中・ビジネスマン洋行戦記』（朝日新書）、『鉄道技術の日本史――SLから、電車、超電導リニアまで』（中公新書）、『帝国議会と日本人――なぜ戦争を止められなかったのか』（祥伝社新書）、『新幹線はなぜあの形なのか』（交通新聞社新書）ほか多数。

鉄《てつ》道《どう》快《かい》適《てき》化《か》物《もの》語《がたり》

苦痛《くつう》から快楽《かいらく》へ

2018年9月20日　第1版第1刷発行

著　者……………………………………
小　島　英　俊
発行者……………………………………
矢　部　敬　一
発行所……………………………………
株式会社 創　元　社
http://www.sogensha.co.jp/
本社　〒541-0047 大阪市中央区淡路町4-3-6
Tel.06-6231-9010㈹
東京支店　〒101-0051 東京都千代田区神田神保町1-2 田辺ビル
Tel.03-6811-0662㈹
印刷所……………………………………
株式会社 太洋社

ISBN978-4-422-24079-4 C0065